夜間保育と子どもたち

★30年のあゆみ★

全国夜間保育園連盟　監修
櫻井慶一　編集

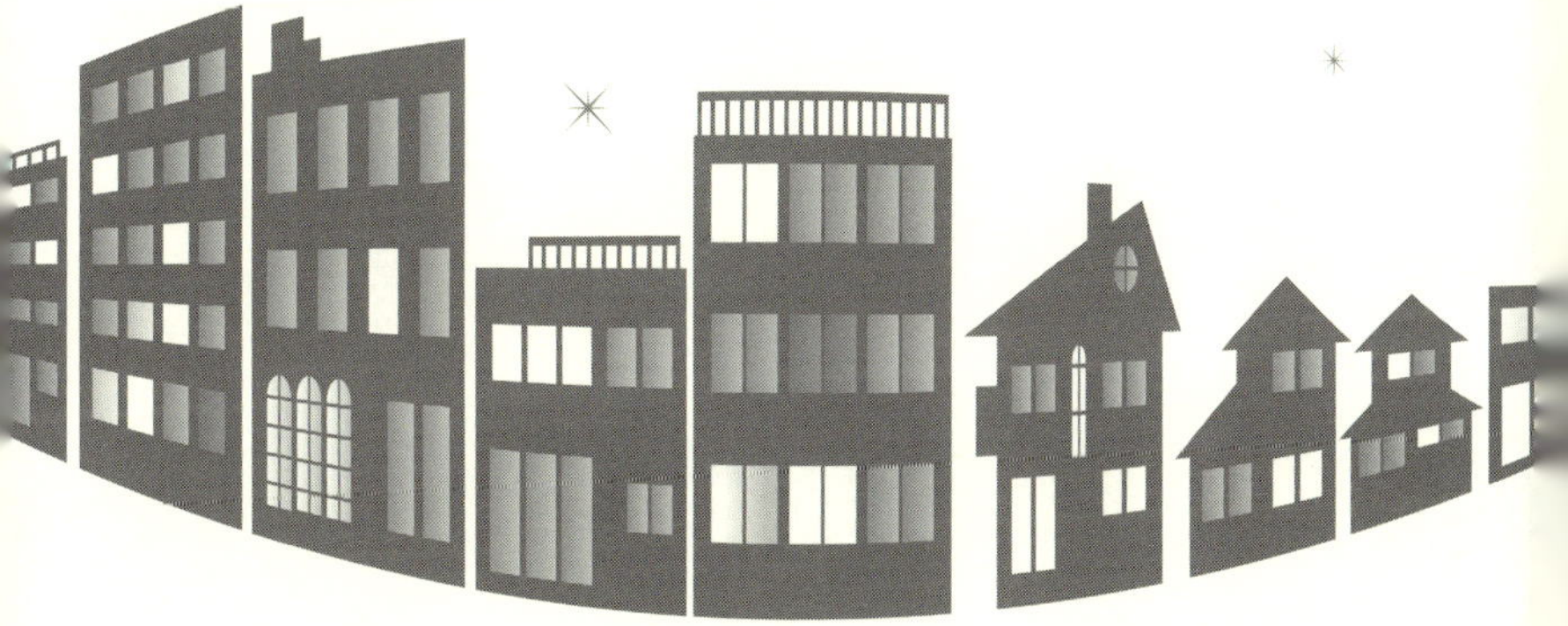

北大路書房

はしがき

「夜間保育は、子どもの成長・発達に悪影響を及ぼすであろう」

保育関係者を含め社会一般からのこの指摘は、１９８１（昭和56）年の夜間保育制度創設以来、魔女の口から発せられた〝悪しき予言〟のごとく、夜間保育に携わる私たちを悩ませてきました。

同様の表現として、「夜間保育は、児童福祉の目的である『児童の健全育成』の観点から、望ましくない」ともいわれました。

以来30数年、全国にわずか80か所しかない認可夜間保育園は、この予言を払拭するため、各地で孤軍奮闘し、夜間に保育を必要とする子どもたちの幸せを守る実践を積み重ねてきました。また一方で、長年にわたる調査・研究により、この予言が真実ではないことを明らかにしてきました。

本書は、全国にある数少ない夜間保育の実践者や卒園児・保護者、そして関係者が、それぞれの立場から、夜間保育の真実について書きつづったものです。読者は、これらを読み進めていかれるうちに、夜間保育は、現実には決して子どもの成長・発達に悪影響を及ぼすものではないことを、むしろ、子どもの成長・発達に悪影響を及ぼす環境を改善し、子どもの健全育成に資するものであることを、感じ取っていただけるはずです。夜間保育が望ましくないのではなく、夜間保育を必要とする子どもの置かれた環境が望ましくないのであり、その厳しい環境に置かれた子どもを夜間保育によって少しでも望ましい状態に変えることが児童福祉の精神であることも分かっていただけることでしょう。その意味で、認可夜間保育園は、子どもにとってもまたその保護者にとっても、〝砂漠のオアシス〟であり、〝サライ〟として存在するのです。

全国夜間保育園連盟では、連盟創立30周年に当たり、記念誌を発刊することにいたしました。それも、単なる内部向けの記念誌ではなく、より広く外部の多くの方に夜間保育を知っていただくための記念誌として発刊することにしました。

保育界は今、大揺れの時代を迎えています。２０１５（平成27）年度からは、子ども・子育て支援新制度が開始される予定で、現在子ども・子育て会議が急ピッチで進められています。しかし、新制度そのものがどうなるのか今の段階でも詳細が分からず、ましてや夜間保育のゆくえはそれこそ暗闇の中です。この時期に当たり、これまで30年間の全国の認可夜間保育園の歴史や実践・成果を記録として残しておくことは意義のあることだと考えます。

福祉施設としての矜持を保ち、福祉の心を失うことなく、夜間に保育を必要とする子どもたちの幸せをひたすら守り続けようとする全国の認可夜間保育園の真の姿を、ご覧いただきたく存じます。ひとりでも多くの方に、とりわけ若い保育士、研究者、行政関係者の方にご一読願えれば幸いです。

２０１４年１月

全国夜間保育園連盟会長　天久薫

■目　次■

夜間保育園へようこそ

一歩足を踏み入れると、
そこには
夜間独特のゆっくりした時間が
流れている

くつろぎのとき
食べて…お風呂
そして『おやすみなさい』

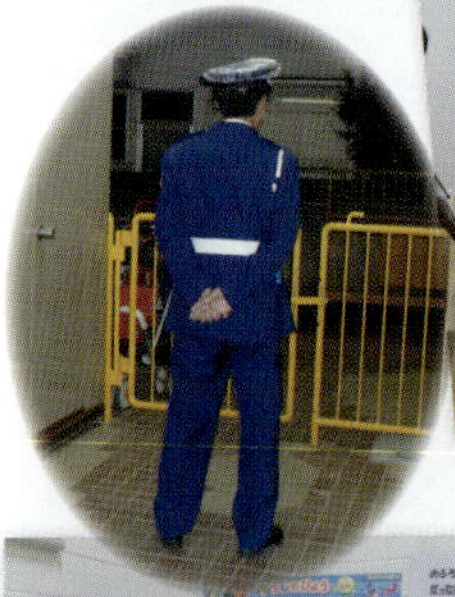

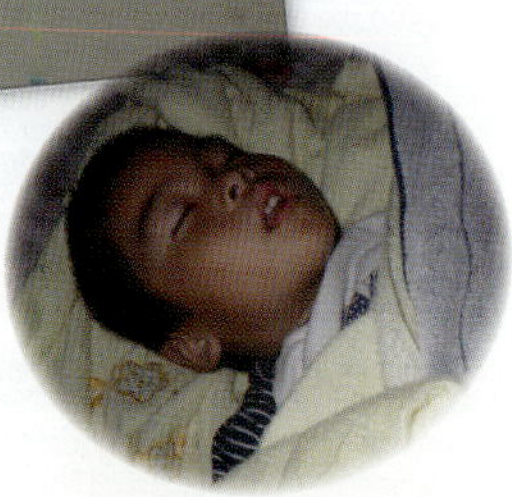

〝いつの時代も子どもは子ども〟
―子どもの世界―

夜間保育園 いま・むかし

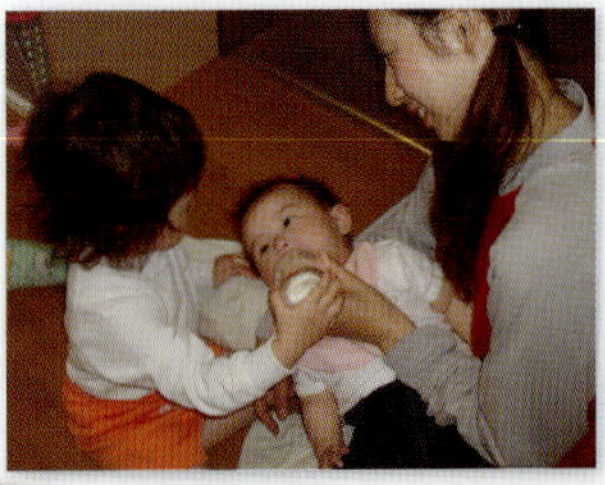

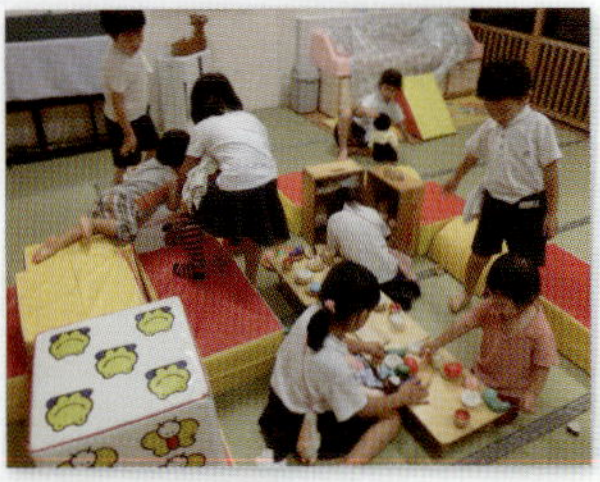

第Ⅰ部　子どもたちとかかわって

第1章　夜間保育とは何か

――天久　薫――

第1節　〝子どものために〟、〝子どもの幸せのために〟、あるいは〝子どもの最善の利益のために〟

保育園の保育士は、子ども（この章では、「子ども」はおおむね就学前の乳幼児をいいます。）の幸せを願って働いています。保育園に通う子どもの保護者も、働く目的は多少違っても、子どもの幸せを願っている点では変わりはありません。よって、保育園の保育士とその保護者には、共有する判断基準があります。大なり小なり子育てに関する決定は、〝子どものために〟なされているか、〝子どもの幸せのために〟なされているか、日本が子どもの権利条約を批准した１９９４（平成６）年以降は、〝子どもの最善の利益のために〟なされているかを加えて、判断されるのです。別の言い方をすれば、何事も第一に子どもを優先して考えるのであり、すべてのことは子どもを中心に置いて考えるのです。私は、これらの考えに特に異存はありません。

保育園の保育士は、丸一日子どもと一緒に生活するわけですから、その子どもについては、性格から運動の得手不得手、言葉の理解力から友だちとのかかわり方に至るまで相当深く理解していて、子どもとはかなり親しくなりますが、その保護者については、送迎時のほんの短い時間内での言葉のやりとりですから、当然子どもと同じ程度には理解できていませんし、そう親しくもなれません。こうなると、子どもと保護者の利益が相反したとき、たとえば、子どもは早く帰りたいと言い、保護者はもう少し長く預けたいと言ったとき、どちらに分があるか、勝負は目に見えています。そしてここで、保育士と保護者の共通の判断基準である〝子どものために〟が、決めゼリフになるのです。保育士はかよわい子どもの代弁者です。

「子どものために、頑張ってもう少し早く迎えにきてくれませんか」「子どものために、夜遅い時間は預けないほうがいいですよ」「子どものために、休日ぐらい子どもと一緒にいてくれませんか」保育士が意識しているいないにかかわらず、保護者に、今の仕事は辞めて別の仕事に就きなさいと勧めているのです。

私たち保育関係者は、保育園にいる子どもの姿だけを見て、子どもの幸せを判断していますが、子どもは、一日の半分近くは保育園だとしても、残り半分以上は家庭で過ごしています。現在そして未来への子どもに与える影響は、保育園よりも家庭のほうがより大きいのです。なぜなら、保育園での子どもの生活は、就学前の期間限定であるとともに一定の質が担保されていて、極端な差は出ませんが、子どもの家族構成、家庭環境はそれこそ千差万別ですから、保護者の対応次第で、子どもの幸せは大きく左右されるからです。保育所保育指針にもある通り、「子どもは、様々な環境との相互作用により発達していく」のですから、子どもの人的、物的環境である家族構成、家庭生活の把握と理解、そして保護者に対する支援が必要となります。だからこそ、保育所保育指針は、保育所の役割として「入所する子どもの保護者に対する支援」を掲げ、「保護者に対する支援」に一章を割いているのです。

本当に、〝子どものため〟を思い、〝子どもの幸せ〟を願うならば、私たちは、子どもだけを、環境から、家族から、切り離して考えることはできません。子どもの幸せは、環境の中で、家族も含めて考えなければなりません。特に、母子家庭等ひとり親家庭の占める割合が高く家庭環境が複雑な場合も多い夜間保育については、家庭環境、家族構成を抜きにして、保育を語ることはできないのです。

第2節　ファミリー・ウェルビーイングをめざして

前節で、「子どもの幸せを願うならば、子どもだけを、環境から、家族から、切り離して考えることはできない。子どもの幸せは、環境の中で、家族も含めて考えなければならない」と述べましたが、私は、さらに進んで、「子どもの幸せは、特に乳幼児期の子どもの幸せは、母親の幸せであり、ひいては家族の幸せである」と考えています。

その第一の理由は、人間の生理的早産にあります。犬は生まれた時からすでに犬ですが、人間は人間にもオオカミにもなれるほど、可塑性に富む状態で生まれてきます。そして、乳児は、生命40億年の進化の過程の最終部分を獲得するため、誕生直後からすごい速さで母親（またはそれに代わる保護者）に気分や精神も含めて同化していきます。よって、その時期、母親が幸せな状態ならば、子どもも幸せになれるのです。

その第二の理由は、特に乳幼児期の子どもは、母親とは、ひいては家族とは、運命共同体にあるからです。乳幼児期の子どもは、小さければ小さいだけ、その衣食住については大人（たいていは親）

エイ！　惜しかった!!

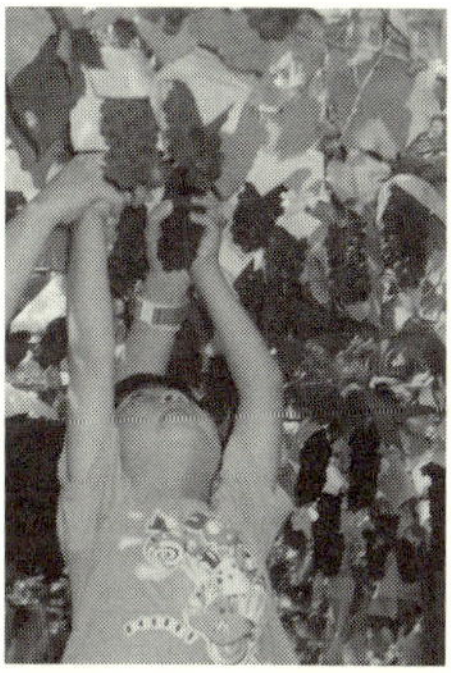

今日のおやつはぶどう♪

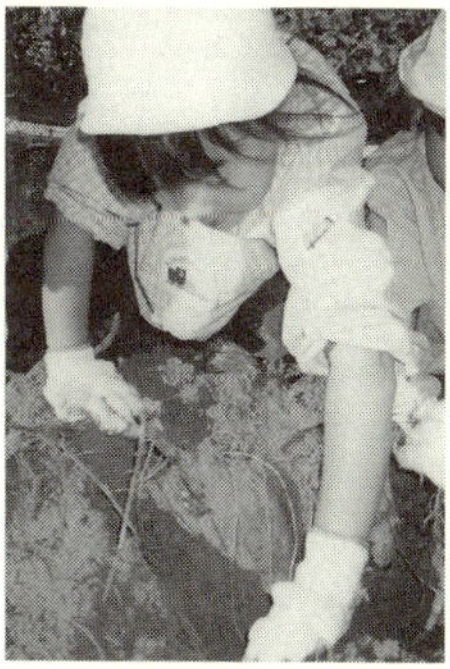

丸々太ったおいもです

に依存しており、大人がいなければ生きてゆけません。よって子どもは、母親とは、家族とは運命共同体にあり、母親や家族の状況に常に左右され、子どもの幸せは、母親の幸せや家族の幸せの影響下に置かれています。

その第三の理由は、0歳から3歳までの子どもは、自分の置かれている環境を無意識のうちに丸ごと吸収するからです。スポンジが水を一気に吸い上げるように、カメラが10人の人間を瞬時に写し取るように吸収します。色、形、大きさだけでなく、言葉も雰囲気も丸ごとです。大人が持っている精神とはかなり違ったこの精神を、モンテッソーリ教育では、吸収する精神と呼んでいますが、雰囲気まで丸ごと吸収する以上、子どもの気持ちは母親や家族の気分次第となります。母親の気が滅入っていれば、子どもの気も滅入り、母親の気分が晴れれば、子どもの気分も晴れやかになります。母親が、家族が、幸せになれば、子どもも幸せになるのです。

その第四の理由は、第三の理由に似ていますが、第3章で紹介される通り、子どもの発達は、保護者の精神面と直結しているからです。母親の安心感・安定感の中で子どもの発達は促進され、子どもも幸せになれるのです。子どもは、周囲を観察して相手の気持ちを推し量る能力にも優れています。言葉を話せない0歳児であっても、実は母親や父親の気持ちを察して泣き方を変えているといいます。大人なしでは生きていけないわけですから、自分を守る防衛本能をフルに発揮しているのかもしれません。相手の気持ちを推し量る能力があればあるほど、自分の気持ちも相手の気持ちに影響されざるを得ません。子どもの幸せは、まさに母親の幸せです。

その第五の理由は、子どもの権利条約の前文から引用します。

「家族が、……特に児童の成長及び福祉のための自然な環境として、……その責任を十分に引き受けることができるよう必要な保護及び援助を与えられるべきである」「児童が、その人格の完全なかつ調和のとれた発達のため、家庭環境の下で幸福、愛情及び理解のある雰囲気の中で成長すべきである」。

引用文には、家族は子どもの幸せのための環境としてあるべきであるし、子どもは家族の幸せの中で成長すべきである、と書かれています。子どもの幸せは家族の幸せの中にあるのです。

以上のような理由により、私は、「子どもの幸せは、特に乳幼児期の子どもの幸せは、母親の幸せであり、ひいては家族の幸せである」と考えています。児童福祉（子どもの幸せ）は、児童だけの立場に立つのではなく、家族福祉（家族の幸せ）の立場に立って初めて達成されるものであり、私はこの家族福祉（家族の幸せ）を〝ファミリー・ウェルビーイング〟と呼んでいます。

保育園の運営理念は、「ファミリー・ウェルビーイング（家族の幸せ）をめざして、子どもとその家族が自立するよう支援すること」といえるのではないでしょうか。

第3節　認可夜間保育園はなぜ増えないのか

この章では、〝夜間保育〟とは、おおむね11時～22時を基本時間とし前後に延長保育を実施する認可保育園での保育をいい、〝昼間保育〟とは、おおむね7時～18時を基本時間とする通常の認可保育園での保育をいう、こととします。

1．法の下の平等

憲法第14条の保障する〝法の下の平等〟を具現化しようとする児童福祉法は、社会的に弱い立場にある子どもを手厚く守ることで、子どもの健全育成を図ることを目的としています。児童福祉では、力が弱ければ弱いほど、障害の程度が大きければ大きいほど、手厚いケアを行います。保育士ひとりに対する園児数が5歳児と0歳児では人数が違うのも、障害児に加配保育士がつくのも、同じ理由です。

それでは、夜間保育はどうでしょうか。夜間保育は昼間保育と比較し、保育時間帯が4時間ずれているだけですが、延長を含めると深夜にまで及びます。また、夜間保育では、①母子家庭等ひとり親家庭が多い、したがって②低所得階層が多い、また③長時間保育になりやすい、が三大特性です。よって、夜間保育は、昼間保育よりもっと丁寧で手厚い保育を必要とします。しかし、現在のところ、運営費に給食のための独自の夜間加算があるものの、職員配置ひとつをとってみても夜間保育は制度的には昼間保育と同じで、職員に夜間手当もつかない単価設定です。夜間保育が創設される以前は、認可保育園の入所基準である保護者の就労は昼間に限定されていましたが、今でも児童福祉法施行令には、解釈は別として「昼間労働することを常態としていること」と明記されています。

　全国の認可保育園の総数は２万３７００か所以上、しかしその中で、認可夜間保育園数はわずか80か所。全国のベビーホテルは、平成24年3月現在、１８３０か所（前年度比１２１か所増）、児童数は３万２６８８名（前年比１９２０名増）です。今大問題となっている待機児童数２万４８２５名（平成24年4月現在）より多い現実がありながら、認可の夜間保育園はなかなか増えません。

　一方で職業選択の自由（第22条第1項）、労働権（第27条）が憲法で保障され、保護者の就労はますます多様化しているにもかかわらず、夜間保育を必要とする子どもは、保育を必要とする同じ日本の子どもでありながら、ベビーホテルの利用を余儀なくされています。児童福祉法上の同じ児童福祉施設でありながら、ただ昼間か夜間かというだけで、この違いは何なのでしょうか。法の下の平等には程遠いと言わざるを得ません。何か児童福祉の意味に違いがあるのでしょうか。

2．福祉の意味

〝福祉〟という意味のドイツ語〝Wohlfahrt〟は、wollen（願う、望む）から出たwohlとfahren（移る）の結合で、「望ましい状態に変える」という内容をもち、「人間生活の理想状態（目標）」と「理想状態に向かう営み、活動（手段、方法）」という意味があるといわれています（竹中勝男）[1]。

児童福祉における〝福祉〟とは、「身体的な障害に限らず、なんらかの生活上の障害により子どもの発達が阻害されている望ましくない状態を、生活上の障害が大きければ大きいだけ手厚く丁寧にケアすることにより、望ましい状態に変えること」です。よって、児童福祉は、子どもの理想的なあるべき姿をめざしてはいますが、現在、子どもの発達を阻害する何らかの生活上の障害があること、すなわち望ましくない状態にあること、を前提としています。ほかの児童福祉施設である乳児院や児童養護施設もまさにそうですが、保育園は、保護者の労働等が乳幼児の健全育成を阻害し乳幼児が望ましくない状態にあるから存在します。昼間保育園も夜間保育園も同じ〝児童福祉施設〟ですが、その前提となる望ましくない状態の度合いは夜間保育のほうが大きく、より児童福祉を必要としています。それでも認可夜間保育園は増えません。

3．夜間保育は児童の心身の発達に悪影響を及ぼすか

制度創設以来30年以上経過しているのに、認可夜間保育園が増えない最大の理由は、「児童福祉の観点から（すなわち児童の健全育成の観点から）、夜間保育は望ましくない」という意識が社会に根強いからですが、それは本当でしょうか。

昭和56年、夜間保育を制度として初めて認めた国の通知は、次のような書き出しで始まります。「保育所における夜間保育については、児童の心身に与える影響等を考慮し、従来実施していなかったところである…」。夜間保育は、あたかも、児童の心身の発達に悪影響を与えるかのごとき表現です。「夜間保育や長時間保育は、児童の心身の発達に悪影響を及ぼすか？」は、認可夜間保育園にとっても、最も気がかりなテーマでした。その答えを出すべく、全国夜間保育園連盟は、平成10年より、安梅勅江氏（現筑波大学大学院教授）に調査・研究をお願いし、それは今日まで続けられています。

詳しくは第3章を読んでいただくとして、15年間の研究成果によると、「子どもの発達状態には、『保育の形態や時間帯』ではなく、『家庭における育児環境』および『保護者の育児への自信やサポートの有無』などの要因が強く関連していました」。深夜に及ぶ夜間保育であっても、質の高い保育が提供されれば、子どもに望ましい影響が見られ、夜間保育園児と昼間保育園児を比較しても、子どもの発達状態に差は見られないとの結論でした。まさに神話崩壊です。よって正しくは、「児童

福祉の観点から、夜間保育は望ましくない」のではなく、「子どもの置かれた環境（状態）が望ましくない」ので、この状態を前提として、「児童福祉の観点から、すなわち児童の健全育成の観点から、夜間保育をすることでより望ましい状態に変える」が正解です。

とはいえ、保育時間の夜間への4時間以上のずれは、子どもの生活リズムや情緒の安定に大きく影響します。保護者も子どもも実際にはしんどい思いをしているのも事実ですから、「子どもと保護者への支援を充実させるために、さらに専門職の専門性を高める教育の拡充や、専門性の高いスタッフの配置が必須」となります。

現実に目の前にいる〝闇に漂う子どもたち〟を見て見ぬふりはできません。夜間保育が制度化されていなかった時代に、劣悪な環境下にあったベビーホテルで死亡事故が相次いだこと、あるいは深夜家庭で留守番をしていた兄弟児が火事で亡くなったこと、など放置していてよい事例ではありません。それこそ児童福祉の放棄であり、保育園の福祉施設としての意義を失わせるものです。

第4節　保護者の働く権利、子どもを育てる権利

〝保育所の目的〟はなんでしょうか。保育所は何のためにあるのでしょうか。（この節では「保育所」を使いますが、意味は「保育園」と同じです。）

児童福祉法第39条第1項の規定によれば、保育所は「保育を必要とする乳幼児を保育すること」を目的としています。保育所は、保育を必要とする乳幼児を保育するためにあるのです。決して、「乳幼児を保育すること」が目的ではありません。あくまで「保育を必要とする乳幼児を保育すること」が目的です。「保育を必要とする」がはずれてしまうと、福祉施設ではなくなってしまうからです。

では次に、保育所は、何のために、保育を必要とする乳幼児を保育しているのでしょうか。〝保育所保育の目的〟はなんでしょうか。また、保育所の存在理由はなんでしょうか。児童福祉法第24条第1項は、「保護者の労働又は疾病その他の事由により……保育を必要とする場合……保育所において保育しなければならない」としています。児童福祉法は、保育を必要とする事由（理由・原因となっている事実）の筆頭に、保護者の労働を挙げています。保育所は、保護者が労働するので存在し、保育を必要とする乳幼児を保育することを目的としています。私は、保護者の労働は、いっぽうでは保育所の存在理由であり、将来に向かっては、「保護者が労働するために」という保育所保育の目的でもあると考えます。保育所保育の目的は、児童福祉法の中では、法の目的である「児童の健全育成」です。しかし、児童福祉法の上位にある憲法の枠内では、保育所保育の目的は、基本的人権である〝保護者の労働権〟を保障しているのです。よって、保育所の目的も、児童福祉法の枠内で狭義の意味として考えるならば、「保育を必要とする乳幼児を保育すること」ですが、児童福祉法の枠外に出て広義の意味で捉えるならば、「保護者の労働権を保障すること」となります。

私たち保育関係者は、毎日、直接乳幼児を保育していることで、「乳幼児を保育する」ことが主になってしまい、「保育を必要とする乳幼児を保育している」ことを忘れがちです。しかし、保育所の役割は、仕事と子育ての両立支援であり、保護者の労働を保障すること、これも保育所のもうひとつの大きな目的なのです。

さて、子どもだけでなく保護者の労働にも目を向けるとなると、子どもの権利だけでなく、親の権利にも注目しなければなりません。また、ファミリー・ウェルビーイング（家族の幸せ）の観点からしても、保護者の権利の保障は重要課題です。児童福祉法第1条により、子どもには健やかに生まれる権利、健やかに育てられる権利があります。一方、子ども・子育て支援法第2条には、「父母その他の保護者が子育てについての第一義的責任を有する」と記されています。これは、見方を変えると、父母に子どもを育てる第一義的権利があるということです。他方、憲法により、父母には労働する権利も保障されています。

保育所は今、仕事と子育ての両立支援を行うことになっています。しかし、実際には両立は難しく、仕事か子育てかの二者択一を迫られることが多いのも事実です。では、本当にそれでいいのでしょうか。もし、働くことが権利で、子どもを育てることも権利なら、それぞれ権利として存在し、本来は両立させなければならないものです。そして、子どもを育てることが権利ならば、育てやすい環境を保証する政策があってしかるべきです。図1-1は、ＯＥＣＤ（経済協力開発機構）が発表

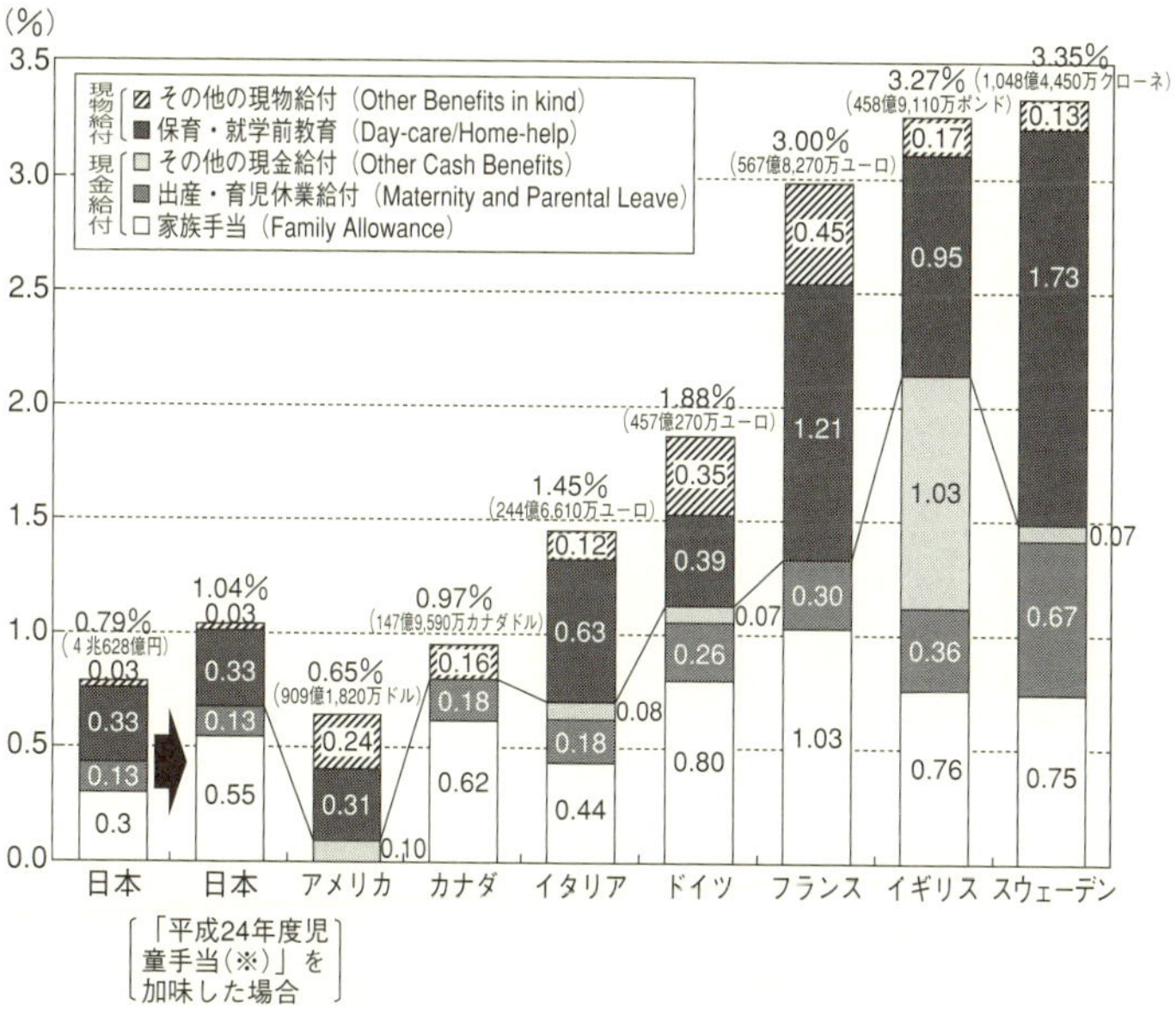

資料：OECD; Social Expenditure Database（Version: November 2008）2010.11.9取得データ等
注：「平成24年度児童手当を加味した場合」は，家族手当額びついて，児童手当'2007年度，9,846億円）を平成24年度予算における「児童手当制度給付費総額」（2兆2,857億円）に単純に置き換えて試算したもの
※手当の名称は，「児童手当法の一部を改正する法律」（平成24年法律第24号）による名称としている。

図1-1　各国の家族関係社会支出の対GDP比の比較（2007年）

した各国の家族関係社会支出（出産・育児休業時の給付、保育・就学前教育のための給付等）のデータです。これによると、日本は、児童手当を加味しても、スウェーデン、イギリスの三分の一以下です。現在日本の保護者負担（保育料）は、保育にかかる総費用の40％程度といわれています。日本の介護負担が10％程度であることを考えると、保育所の保護者は、〝働く権利〟があるのと同様に、〝子どもを育てる権利〟もあることを、もっと自覚し主張してもいいのではないでしょうか。

第5節　夜間保育とは何か

認可夜間保育園は、夜間のみ開いている保育園ではありません。夜間まで開いている保育園です。24時間開園の夜間保育園もありますが、それは、一日中子どもを預かりっ放しにするという意味ではなく、保護者の働く時間に合わせて、24時間いつでも預かれる保育態勢にある、という意味です。その結果として、一日中開園していることになるのです。

全国にわずか80か所しかない認可夜間保育園は、平均定員38名の小規模園であるにもかかわらず、24時間開園を筆頭に一日平均16時間30分開園（基本時間11時間＋延長保育5・5時間）し、ますます多様化する保護者の保育ニーズに柔軟にそして的確に対応し、あるがままの保護者を受け入れ、その思いに共感し、相談相手となり、助言をすることで、保護者に寄り添いつつ、保護者の労働権を保障し、保護者の生きる権利を保障し、ひいては保護者と運命共同体にある乳幼児の生きる権利、育つ権利を保障しています。認可夜間保育園は、乳幼児だけに目を向けるのではなく、乳幼児の環境である保護者（特に母親）の幸せ、家族の幸せが乳幼児の幸せと一体であると考え、保護者の労働権の保障も乳幼児の生きる権利、育つ権利の保障と一体的にとらえています。

しかし、現実には、保護者の就労を保障しようとすればするだけ、乳幼児の生きる権利、育つ権利を圧迫しかねない状況が生じます。よって、保護者の権利を保障すればするだけ、乳幼児の生きる権利、育つ権利もより強力に保障しなければなりません。夜間保育の特性は、①ひとり親家庭が多い、②低所得階層が多い、③長時間保育が多い、ことですから、保護者の労働権を保障しようとすればするほど、乳幼児の夜間保育は、深夜遅くになったり、長時間保育になったりと、昼間保育に比べて、保育を必要とする度合いが大きくなります。保育を必要とする度合が大きくなるとは、保育の必要性（優先順位）が高くなるという意味と、保育の内容をより丁寧に手厚くしなければならないという意味があります。実際の夜間保育については、昼間保育園は延長保育というオプションの保育でしか対応できませんが、夜間保育園はスタンダードに保育士を適正に手厚く配置しています。また、保育の質の向上については、子どもの思いを直ちに受け取る敏感性と的確に応える応答性に保護者支援を加えて磨きをかけるとともに、夜間保育特有の課題の克服に努めています。

さらに、この十数年にわたり、次章以下を執筆されている安梅教授グループとの共同調査研究を継続し内容を深めながら、経験的な根拠と科学的な根拠に基づく〝子育ち、子育てのエンパワメント〟、つまり「子どもと保護者が持っている子育ち力、子育て力を最大限に引き出し、十分に発揮できるような環境を整えること」がプロとしての保育士の役割であるとして、研鑽に励んでいます。

障害児のための教育であったモンテッソーリ教育が、健常児を含めた全ての子どもの教育にも成果をあげたように、夜間保育の質の向上のためのこれまでの調査研究の蓄積が、すべての乳幼児の保育にも効果的である、と今、実証されつつあります。

夜間保育が制度化されて30年以上が経過しましたが、その間に、男女雇用機会均等法の施行、完全週休2日制の定着、正規社員の減少と派遣社員の急増、サービス業の増加等、就労関係はますます多様化して、好むと好まざるとにかかわらず夜間保育の必要性は高まっています。

一方、平成21年の国民生活基礎調査によると、貧困率（すべての世帯の中央値の半分に満たない所得で暮らしている世帯の割合）は徐々に上昇し、子どもがいるひとり親世帯の貧困率は50・8％に達しています。その中で、夜間保育は、昼間保育と社会的養護の中間に位置し、夜間保育園は、生活保護や乳児院・児童養護施設のお世話にならず、ひとり親家庭でも「親が自らの力で生活でき、子どもと一緒に暮らすことができる」最後の砦としての役目を果たしてきました。

夜間保育を推奨する必要はまったくありませんが、今回の新制度によるニーズ調査により夜間保育のニーズが明らかにされ、必要とする子どもに必要な数だけの夜間保育園（もちろん認可の）が自治体により整備され、より保育の必要な乳幼児により質の高い保育が提供されれば、社会的養護の手前で押し止められる子どもは、かなりの数にのぼるのではないでしょうか。

たんに、乳幼児の生きる権利、育つ権利を保障するに止まらず、できる限り保護者の働く権利、子どもを育てる権利を保障し、子育てを支援したうえで、その分厳しい環境に置かれた子どもの健全育成と両立させるファミリー・ウェルビーイング（家族の幸せ）をめざす、それが他の追随を許さないと私が信じる夜間保育の特質です。

あまひさ・かおる（第２どろんこ夜間保育園園長・全国夜間保育園連盟会長）

〈注〉

（１）戦後の社会福祉研究に指導的役割を果たした社会福祉学者、政治家

コラム 1

大都市での夜間保育園への期待

（安達和世）

横浜での乳児保育園として

　ペガサス夜間保育園は、平成15年4月に開園した定員20名の小規模園です。

　当時、横浜市は待機児童ワースト1を拝命する自治体であり、その中でも本園が所在する港北区は他区をしのいで第1の待機児を抱える状況でした。

　当法人は時代が要請する課題に迅速に応答するため、平成12年に待機児童が著しく増加し保育園が不足していた港北区に0・1歳児の20名定員の乳児保育園を開設しました。平成12年は保育所の分野にも規制緩和が拡がり、20人定員での認可や株式会社にも門戸を開くなどあらたな施策が導入されました。

夜間保育園の開設に

　乳児保育園は、0・1歳児の施設であったため1年後には卒園児を出すこととなりましたが近隣に受け入れの施設が見つからず、やむなく2歳児の入所浪人を出す結果を招いてしまいました。そのため、0歳児から就学までの保育を保障する施設の設置が喫緊の課題となり、2年後、オフィス・商業地区である新横浜に手狭ではあるけれども５００㎡弱の国有地を借り受け、4階建ての合築で昼間保育園と共に夜間保育園を開設したという経緯があります。

　当時、横浜市は待機児童解消のための3年間の時限的施策を展開しており、そのため入所要件が必ずしも合致しないケースであっても夜間保育園も受け入れ先に含めていました。その結果、夜間保育園入所児のほとんどが原則保育時間以前の利用者という状況や、併設の昼間保育園の入所児童の半数近くが、18時30分以降の延長保育利用者であるなどのねじれた現状をはらみながらの保育運営となりました（昼間保育園は7時～21時。夜間保育園は8時30分～24時の開園時間）。

夜間保育園の運営の困難さ

　夜間保育園は、小規模保育園からスタートした歴史を踏襲してきたこともあり、少人数の定員設定や、そのことから派生しているアンバランスな年齢構成、一方で、保護者の就労時間が24時間社会に連動を余儀なくされていることから保育時間が長時間化・深夜化し、また、保護者の働き方がまちまちであるため、五月雨式に登園を受け入れざるを得ない状況が生じ、本園においてもその傾向は顕著で、子どもの最善の利益の主権者としての育ちの保障と保護者の就労支援という矛盾を包含する課題を同時に克服しなければならないという使命に直面しました。

　本園では、昼間保育園との合築という利点を活かした保育活動の共有化を積極的に試行していますが、夜間保育園の原則保育時間が13時～21時であるため、子どもたちの午前中の保育活動を保障する場合には、保護者に高額な延長保育料を負担していただいたり、保護者の就労時間が深夜に及ぶ場合、早朝登園の協力を仰ぐためには、精神的・体力的負担をかけることにもなっています。

　他方、保育活動の内容が昼間保育園のタイムテーブルで進行するために夜間保育園の子どもたち一人ひとりの発達課題を保証するカリキュラムとはなっていないジレンマを抱え、枠組みありきの合同活動には再考の余地があるのではないかと考えています。

一人ひとりを大切にする夜間保育園

「子どもが生涯にわたる人間形成にとって極めて重要な時期に、その生活時間の大半を過ごす場所」である保育園は、安心と安全が保障された環境の下で、生活文化を学び、さらに、昨今では自然発生的に生み出されることが望めなくなった異年齢の子ども集団という群れを創り出せる貴重な拠点になり得るのではないかと考えています。特に、不規則な生活時間を過ごすことを余儀なくされている夜間保育園の子どもたちの「生活」を、一人ひとりの実情に合わせて個別に支え、学びのプロセスを構築することに自覚的であるべきではないかと痛感しています。夜間保育には夜間保育オリジナルの専門性があるはずですし、それぞれの学びの集合知をカリキュラムとして確立し、育ちにフィードバックすることが、今こそ求められているのではないでしょうか。

　横浜市には現在、認可夜間保育園は1園しかありませんが、夜間・深夜に保育を受けている子どもたちが制度の狭間でその人権が侵害されることのないように、これからも子どもの最善の利益を守るために力を尽くしていく所存です。

（あだち・かずよ　ペガサス夜間保育園前園長）

第2章 夜間保育が愛着を育む

――安梅勅江・酒井初恵・宮崎勝宣――

第1節 子どもの育ちに必要な環境とは?

夜間保育は子どもたちの愛着を育み、保護者の子育てを楽しむ力を育ててきました。なぜなら、夜間におよぶ長い時間を子どもたちと共に過ごし、遅くまで働く保護者をしっかり支えることで、真の意味での〝子育ち子育てエンパワメント〟を実現してきたからです。子育ち子育てエンパワメントとは、〝子どもの育つ力と保護者の子育て力、地域や社会の子育て力を引き出し、育つ力と育てる力をはぐくむ〟ことです(安梅 2009)。

環境と遺伝が互いに影響し合いながら、人は育ちます。遺伝と経験は共に働いて、脳のある神経をもう一つの神経につなげる仕方を決めます。そのため人が成長するときには、遺伝と経験の両方の影響を受けるのです。ただし生まれて間もない頃の環境は、大人になってからの環境に比べると、より大きな影響をおよぼします。その時期に言葉や情緒の発達にかけがえのない基本的なパターンが脳にできるからです（小泉 2010）。

昔はこの時期を臨界期とよびました。動物学者のローレンツ（1987）は、ヒナと親との結びつきは、きわめて短い時期におこることを観察しました。そこから生物がある能力を身につけるための敏感な時期を、臨界期とよぶようになったのです。ただしその後、人の成長で大事な時期はあまり短い期間ではなく、ある程度幅があるということがわかり、敏感期とよぶようになりました。

子どもと大人は互いに影響しあっています。大人の一方的なかかわりではなく、お互いのやりとりを大切にする必要があります。さまざまな経験をすると、脳の神経の活動が活発になることで、脳に影響します。経験が積み重なると、一時的に脳が変化するのではなく、ずっと変化したままになることもわかっています。

子どもにとって安全で安心な環境、すなわち世界は安定していて予測でき、居心地のいいところという感覚を持つことが大切です。あたたかさ、思いやり、子どもが尊重される感覚を一貫して持てる環境です。新しい経験が、神経のつながりを増やします。豊かな経験が、子どもの育ちに影響するのです（安梅 2010）。

これまでの研究をまとめると、子育ち環境に必要な要素とは、安全で安心な状況のもとで、子どもに言葉をかけたり触ったり、ほほ笑んだりなどがタイミングよく愛情いっぱいに一貫してあること、理由なく行動を制限されたり罰せられることがなく、年齢に応じた自主性を促す環境や豊かな社会とのかかわりやおもちゃなどがあり、育児へのサポートがあることです（保育パワーアップ研究会 2007）。

保育の質は、子どもの行動と脳に影響します。安全で、愛情にあふれ、子どもにとって予想しやすい環境を通じて、子どもの共感する力、コミュニケーション力、好奇心、自立心、自己コントロール力などを育てることができます（保育パワーアップ研究会 2008）。

自分が大切な存在であると感じる自尊感情、自分には力があると実感する自己効力感、これは身近な大切な人により得られます。ほめられたり認められたりすることで、自分の価値や能力が確認でき、自尊感情や自己効力感が育ちます。

実際に私たちの研究でも、子どもの社会能力には、ほめることが影響していました。図2-1は子どもの4、9、18、30、42か月、7歳の社会能力に、何が関係するのかを示した図です。ほめることが大切と思ったり実際にほめる行動をとっていると、その後の社会能力がより発達していました。

また、目と目をしっかり合わせて接すること、子どもが豊かに感情を表現したり発声したりすること、大人のかかわりにはっきりと動作や言葉で答えることが、社会能力の育ちに関係していまし

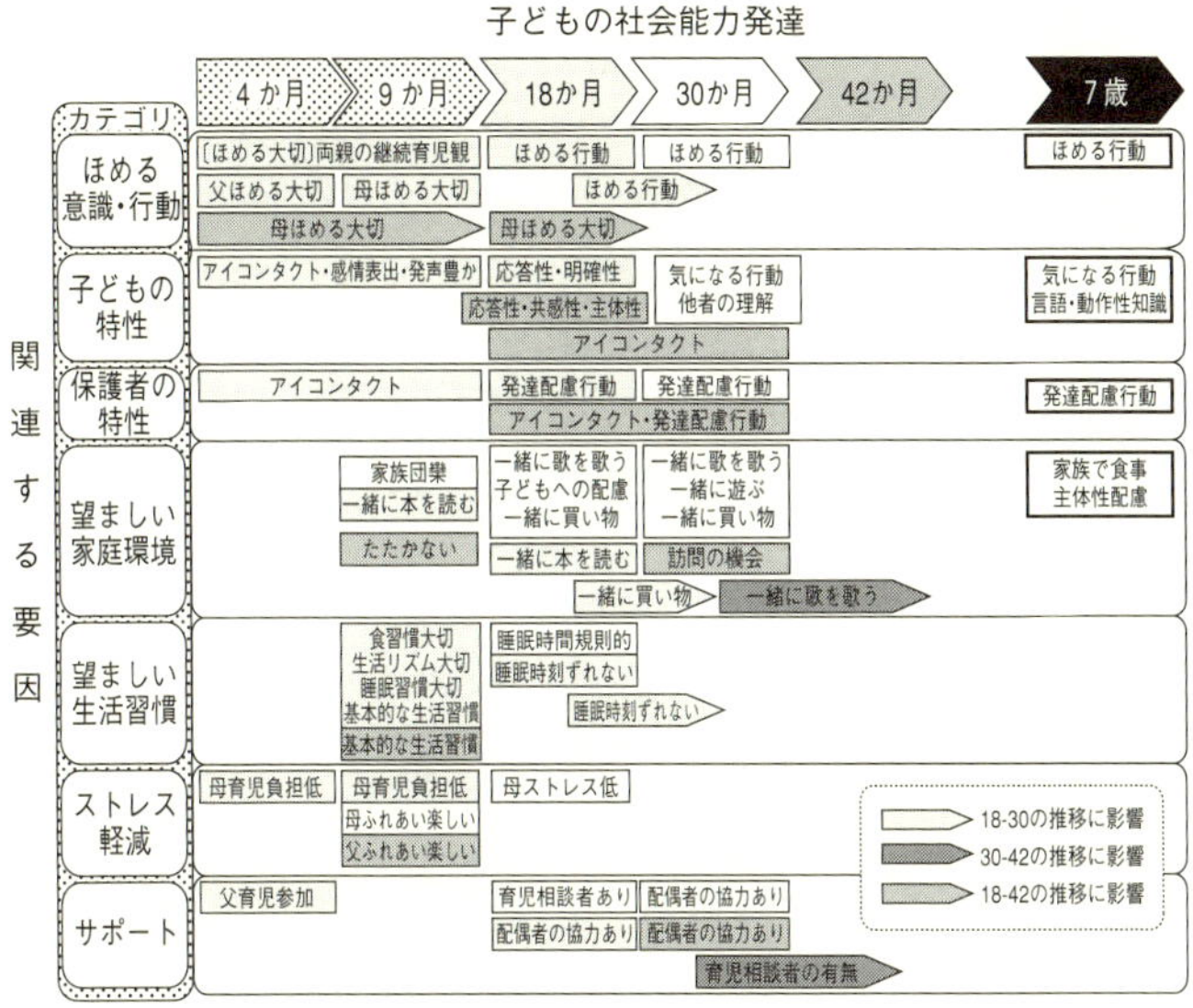

図2-1　子どもの社会能力発達に関連する要因

た。また保護者が発達や家庭環境に配慮していたり、ストレスをかかえこまず、さまざまなサポートを得られることが、子どもの社会能力の発達を促していました。

　相手の気持ちを察したり、思いやったりできるのは人だけです。進化の過程で、助け合うことにより多くの困難を克服してきたのが人なのです。現実にたったひとりでは生きいくのはきわめて難しく、個人の利益の多くの部分が集団から得られるという事実があります。人は社会をつくり、助け合って生活してきました。仲間と共に過ごしたり、お祭りなどイベントを通じて、まとまる力が強まります。脳内に快ホルモン、エンドルフィンが出るからです。それがさらに強い仲間意識や愛着を生みます。

また、目と目を合わせるアイコンタクトが、子どもの社会性にポジティブな影響を及ぼします。見られることへの敏感性は、すべての動物の中で人は際立っています。相手の眼が2度ずれると見ていないと人はわかりますが、サルは7度ないとわからないそうです。目と目を合わせて会話すると、脳の反応が大きくなることが示されています。しっかり目を合わす効果の大きさは、人にとって社会性がいかに大切かを示すものです。

一方、リアルとバーチャルの実験では、実際に目の前にいる人と画像で、インパクトがまったく違うことが示されています。人はかかわりの中で生きています。実際の経験、五感をフル活用した体験を通じ、相手の思い、気の動きを感じとり、それに沿った対応ができるというかかわりが大切なのです。

ここで注目したいのは、脳はみな同じように成長するのではなく、家族や社会の期待に沿う形で、取り入れたり捨てたりしながら成長することです。つまり環境により、脳の発達には大きな差が生まれるのです。望ましい子育ち環境は、子どもを伸ばし、子どものやる気を育てます。そのやる気が物事への好奇心を高め、さまざまなことに望ましい効果をもたらします。

夜間保育園の環境は、まさに子どもたちが安心して思う存分力を発揮する、エンパワメント環境といえるでしょう。

第2節　愛着を育む「子育ち子育てエンパワメント」7つのしかけ

日本の認可夜間保育園が、世界で称賛される質の高い保育を実現できたのは理由があります。子どもと保護者、地域や組織の力を引き出すエンパワメントの原則に沿って、しっかりと仕組みをつくりあげてきたからです。

当初より連盟をつくり、熱い思いの園長と保育士が集いました。毎回、口角泡を飛ばして議論を重ねながら、ともに手を取り合って夜間保育の質を磨いてきました。

エンパワメントの原則とは、①目的を明確にする、②プロセスを味わう、③共感のネットワーク化、④心地よさの演出、⑤ゆったり無理なく、⑥その先を見すえて、⑦活動の意味づけ、の7つです。

次に、愛着を育む「子育ち子育てエンパワメント」7つのしかけを概説します。

1．目的を明確にする：価値に焦点をあてる

まずは、価値や目標を共有することが大切です。たとえば全国夜間保育園連盟では、「すべての

表2-1　コミュニティ・エンパワメントの7原則

1. 目的を明確に	：価値に焦点を当てる
2. プロセスを味わう	：関係性を楽しむ
3. 共感のネットワーク化	：近親感と刺激感
4. 心地よさの演出	：リズムをつくる
5. ゆったり無理なく	：柔軟な参加様式
6. その先を見すえて	：つねに発展に向かう
7. 活動の意味付け	：評価の視点

子どもたちと保護者を支える保育を。差別や区別のない、真の意味での福祉の実現をめざす」と目的を明確にして、共有しました。

2. プロセスを味わう：かかわりを楽しむ

プロセスを味わうとは、子どもと保護者、保育者がパートナーシップのもとに、かかわりを楽しみながら味わう、という意味です。

エンパワメントにもっとも大切なことは何かと問われれば、一も二もなく「ともに楽しむ」ことです。エンパワメントは、そもそもが共感に基づく自己実現だからです。ともに楽しむことで、絆を育む力、活き活き生きる力、共に創る力が培われます。

3. 共感のネットワーク化：近親感と刺激感

共感のネットワーク化とは、近親感と刺激感とともに、つながっているという感覚を持つことです。近親感とはリラックスした安心感、刺激感とはピリッとした緊張感です。エンパワメントは、硬柔合わせ持つこと、すなわち硬い部分と柔らかい部分、安心感と緊張感との両面を持つことで、より活性化することが知られています。子どもと保護者、保育者がともに、共感の輪をつくります。

4．心地よさの演出：リズムをつくる

自然界すべてにリズムがあり、子どもの育ちに加えて、人と人、人と社会、自然との関係も、伸びる時期と留まる時期、繰り返す時期と変わる時期など、リズムが成長を促します。リズムは鼓動です。エネルギーを全体にいきわたらせる波動となります。人びとも組織も、このリズムを心地よいと感じ、活気づけることができます。

5．ゆったり無理なく：柔軟な参加様式

目的に向かいだれもが全力でダッシュすることを求めては、息切れして長続きしません。ゆったり無理なく、子どもや保護者とのかかわりは、時期により変化してかまいません。さまざまな人が、いつでも多様な形で参加できるよう、柔軟に対応できる仕組みづくりが重要です。

6．その先を見すえて：つねに発展に向かう

人も組織も、万物はひとつの状態にとどまっていられない存在です。未来に向かって、その先を

見据えながら、つねに発展に向かう動きをともなうことで、新しい命が吹き込まれます。動きを止めることなく、さまざまなメンバーを柔軟に取り込み、ダイナミックに環境に合わせて、より意味のある活動を展開します。

7．活動の意味づけ：評価の視点

保育の素晴らしさを理解し、活動の意義を感じるためには、活動の意味づけ、すなわち評価の視点が必要となります。それは、かかわることの意味や価値を明らかにすることです。かかわることでどんな意味があるのか、その成果や影響力はどの程度なのかなどを知ることで、満足感を得たり、次への見通しを持つことができます。

全国夜間保育園連盟では、「保育パワーアップ研究会」を立ち上げ、保育のすばらしさと啓発教育に向けて、ＷＥＢでつねに発信し活動を意味づけています。(http://childnet.me/)

エンパワメントは縁パワメントとも言われます。人と人とのつながりの力をパワーアップし、さらにそれを楽しむ質の高い保育の仕組みづくりが求められます。

あんめ・ときえ（筑波大学医学医療系教授）
さかい・はつえ（小倉北ふれあい保育所夜間部主任保育士）
みやざき・かつのぶ（保育所あすなろ副園長）

〈参考文献〉

安梅勅江　根拠に基づく子育ち・子育てエンパワメント―子育ち環境評価と虐待予防―　日本小児医事出版社　2009

安梅勅江　気になる子どもの早期発見・早期支援―「かかわり指標」を活用した根拠に基づく子育ち・子育て支援に向けて―　日本小児医事出版社　2009

安梅勅江　コミュニティ・エンパワメントの技法　医歯薬出版　2005

保育パワーアップ研究会　保育パワーアップ講座 長時間保育研究をもとに子どもたちのすこやかな成長のために　小児医事出版社　2007

保育パワーアップ研究会　保育パワーアップ講座　活用事例編　日本小児医事出版社　2008

小泉英明・安梅勅江他　乳幼児のための脳科学　かもがわ出版　2010

ローレンツ・K　ソロモンの指環―動物行動学入門―　早川書房　1987

第3章　夜間保育の効果

——安梅勅江・篠原亮次・杉澤悠圭・渡辺多恵子——

第1節　効果を明らかにするには

夜間保育の効果を明らかにするには、夜間保育を利用してどのように変わったのか、子どもの成長に沿って科学的な根拠を示す必要があります。子ども自身の変化、子どもを取り巻く環境の変化を測定しながら、子どもの育ちに長期にわたり寄り添って確かめます。これをコホート研究（追跡研究）といいます。コホートとは、古代ローマ軍の隊列のことです。一歩一歩前進する姿から、時間をかけて集団を追いかける研究方法の名前となりました。遺伝、環境、行動、時間的な要因を総合的にとらえて、すこやかな成長に影響するメカニズムを明らかにすることができます（図3－1）。

人は生涯を通じて発達します。発達は、一人ひとりが違うという多様性があります。また一人の人をみても、時期により伸びが異なるなど柔軟性に富んでいます。そして持続的で創発性があります。

創発性とは、ひとつひとつの部分を足し算した以上の、特別な性質が全体としてあらわれることです。複数の要因が複雑に絡み合うことで、個々の要因だけでは予測できない、全体としての結果があらわれます。遺伝子や脳で完全に決まるのではありません。さまざまな要因が複雑に影響し合い、その相互作用により発達するのです。これを専門的な言葉でいうと、**ダイナミック・システムズ・アプローチ**といいます。

要因の相互作用の組み合わせにより、いろいろな発達上の変化や問題が起こります。特定のひとつの要因の変化が、全体としての結果に大きな変化を起こします。たとえば、小さな子どもが親の愛情を実感するためには、保護者や保育者と一緒に食事をする機会を持つことがとても大切です。それがなくなると、情緒の発達がゆっくりになったり、環境への適応がしにくくなるかもしれません。ひとつの要因の変化が、その後の育ちの多くの場面で長い時間にわたり影響することがあります。

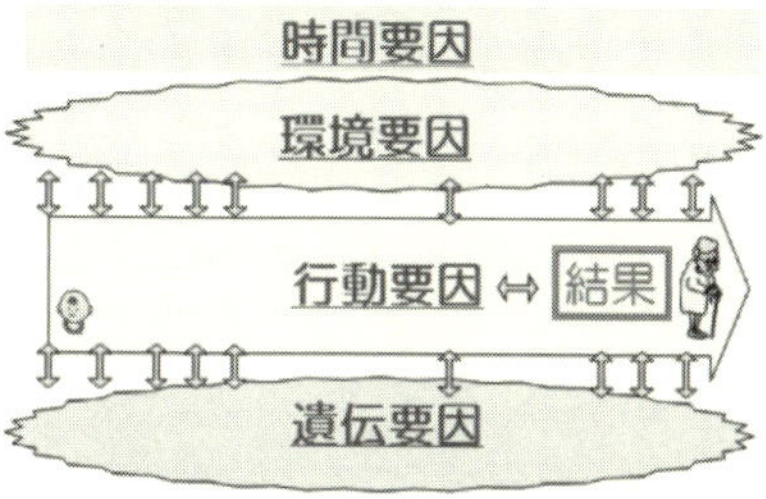

図3-1　コホート研究の意義

遺伝，環境，行動，時間的な要因を総合的にとらえメカニズムを明らかにできる強みをもつ

この全体としての結果は、影響する要因を細かく分解して詳しく分析しても、理解したり予測することは難しいのです。人は関係性の中で育ちます。実際には認知、情動、環境など細か

く区切ることはできず、それらがダイナミックに重なり合うことで生活の知恵が発達します。これを**ダイナミック・スキル・セオリー**といいます。人と人、人と社会、人と自然の相乗効果、そこに触発された新しい知恵を生み出す営みが発達の姿です。

コホート研究は、これらを明らかにするもっとも有効な方法のひとつです。それは長い時間と多額のコストがかかる大変な方法です。しかし、時間の経過により変化する育ちという現象を調べるためには、数十年におよぶコホート研究が必須なのです。

第2節　子どもの育ちに影響するのは？

世界中の保育に関するコホート結果は一貫しています。すなわち、質の高い保育を利用すれば、子どもはすこやかに成長します。質の低い保育を利用すれば、マイナスの影響があります。質が担保されていれば、時間の長さや時間帯は関係しません。むしろ家庭環境や保護者へのサポートの有無などが影響します。

さて日本ではどうでしょう。日本で初めて、15年におよぶ保育コホート調査が行われました。その結果は、世界から注目されました。世界に例を見ない深夜に及ぶ夜間を含む保育であっても、保育の質が高ければ、子どもに望ましい影響を与えていました。この成果は、諸外国から大きな賞賛を受けることになりました。「日本の認可保育の質はすばらしい！　深夜に及ぶ高い質の確保には学ぶところが多い」とユネスコの報告書にも載せられたのです。

15年間のコホート研究の成果をまとめると、次の通りです。

1．質の高い保育を利用した場合、**子どもの発達状態には、「保育の形態や時間帯」ではなく、「家庭における育児環境」および「保護者の育児への自信やサポートの有無」などの要因が強く関連**していました。

2．したがって、特に子育て支援機関においては、子どもの育ちに適合した環境をいかに充実するかが重要な課題となります。物理的な環境、人的な環境、保育プログラムを含め、**子どもの育ちに寄り添う環境**に心を配る必要があります。

3．子育て支援機関の役割として、育児に関する相談相手となり、保護者の育児への自信の回復を促すなど、**保護者に対する「子育てを支える」ための地域に開かれたサービスの充実**が期待されます。

4．特段の配慮を必要とする子どもや保護者が増加する中、子どもと保護者への支援を充実させるために、さらに**専門職の専門性を高める教育の拡充や、専門性の高いスタッフの配置**が必須です。

5．子どもと保護者、地域とのパートナーシップに基づき、**子育ちを社会全体で支える仕組みづく**

りが求められます。

第3節　卒園後に及ぶ効果

　夜間保育は卒園後にどのように影響するのでしょうか。保育の効果は、卒園後も生涯続くものです。私たちはさらに長期におよぶ保育の効果として、卒園後の育ちを調べました。卒園児と保護者197組が、調査に協力してくれました。

　卒園児の特徴を明らかにするために、文部科学省が実施した全国学童データと比較してみました（図3-2～図3-9。全国と比較した夜間保育卒園生の回答。一番上は全国、二番目以降が夜間保育卒園生）。協力者の回答という限界はありますが、比較結果と卒園児本人の自由記述（第6章参照）から明らかにされた「卒園後の効果」をまとめると、次の5点です。

1．社会役割意識の醸成

「人の役に立つ人になりたい」と回答した子どもが、全国と比較して高くなっていました（図3-2）。

2．向社会性の育成

「人の気持ちがわかる人になりたい」「人には親切にしたい」と回答した子どもが、全国と比較して高くなっていました（図3–3、4）。

3. 意欲の増大

「努力する人になりたい」「勇気のある人になりたい」「勉強のできる子になりたい」と回答した子どもが、全国と比較して高くなっていました（図3–5、6、7）。

4. 自己効力感の涵養

「誠実でありたい」「友達から人気のある人になりたい」と回答した子どもが、全国と比較して高くなっていました（図3–8、9）。

5. 本人が認識する夜間保育の教育効果

対人技術、意欲、学習力、生活力、集中力、心の豊かさ、体力などに、卒園児自らの言葉でポジティブな効果があったと述べられていました（第6章参照）。

卒園児調査より、社会のための役立ちたいという気持ちや、人とのつながりを大切にしたい、前向きに一生懸命努力したい、誠実で人から信頼される人になりたいなど、成熟した大人への育ちに保育が大きく貢献していることが示されました。

これらの成果をみると、日々の営みの中での保育士の役割の大きさを、あらためて痛感します。子どもたちは、保育士の背中を見て育ちます。また保護者を支える保育士の頼もしさを感じながら、保

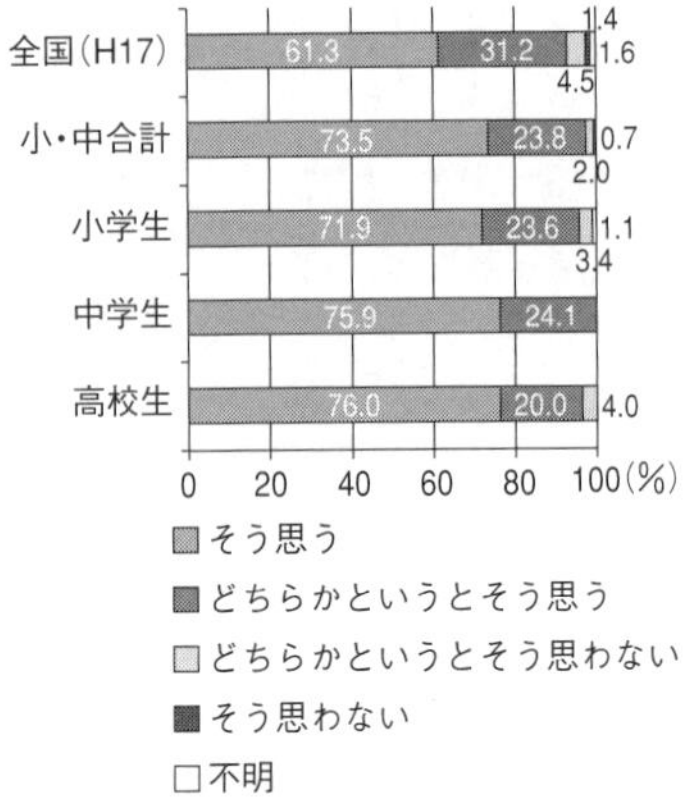

図3-4　人には親切にしたい

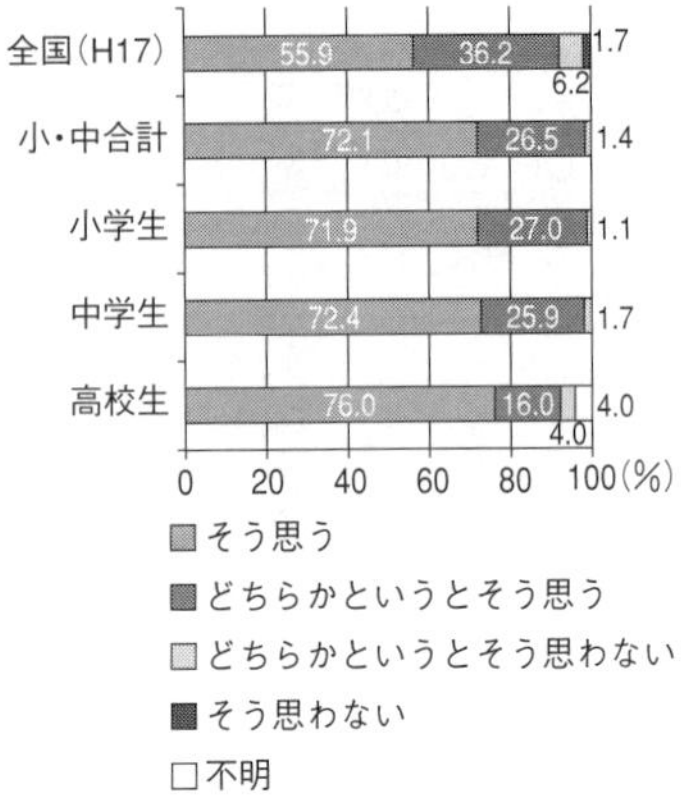

図3-2　人の役に立つ人になりたい

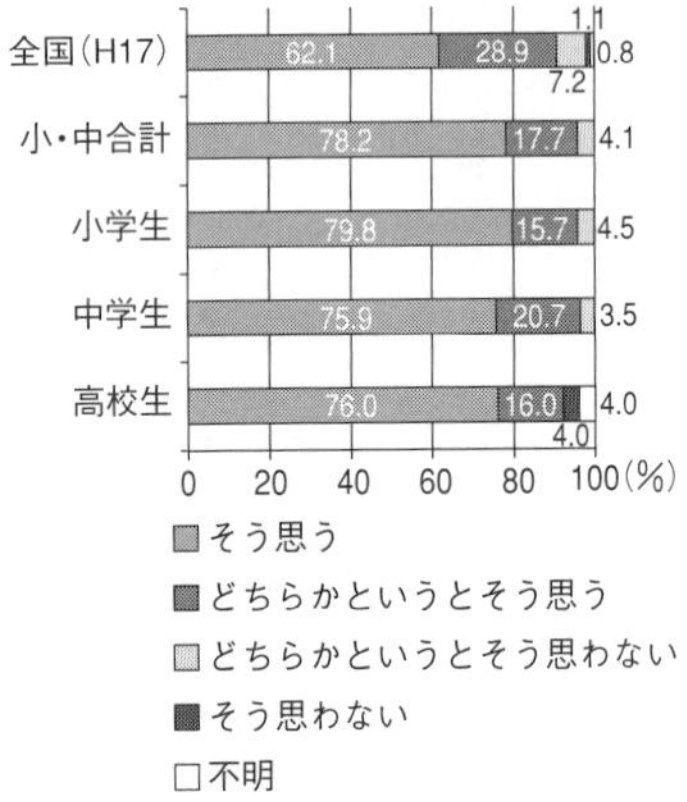

図3-5　努力する人になりたい

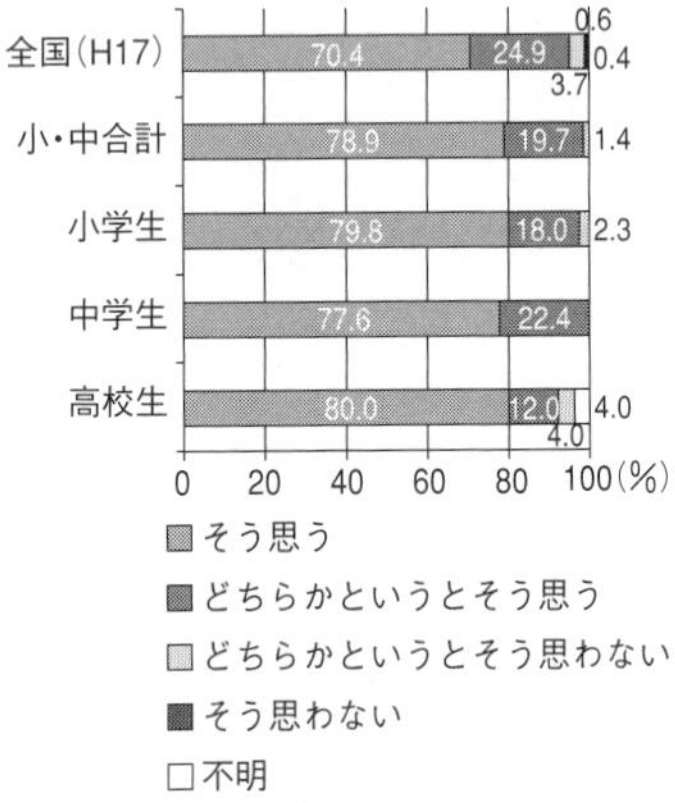

図3-3　人の気持ちがわかる人になりたい

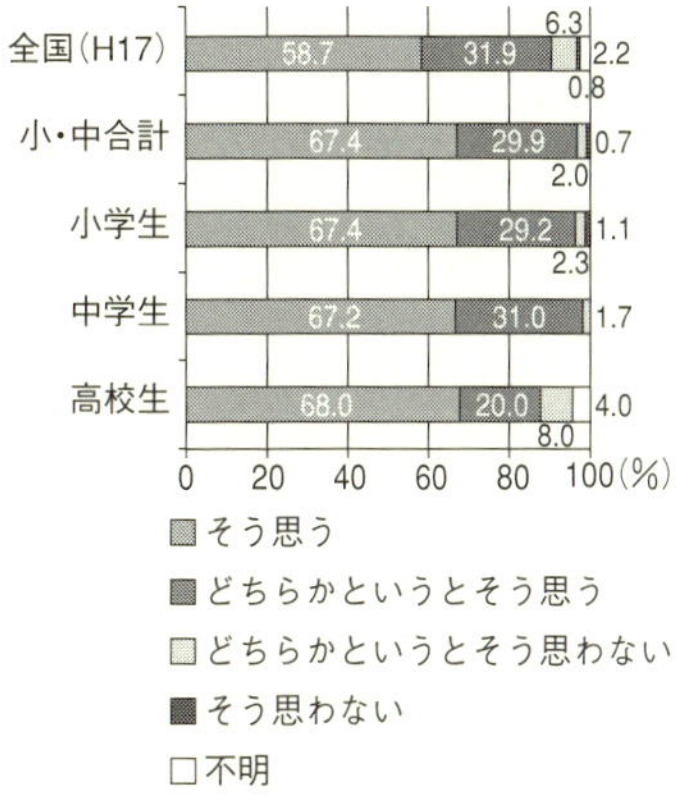

図3-8　自分の気持ちに誠実な(正直な)人になりたい

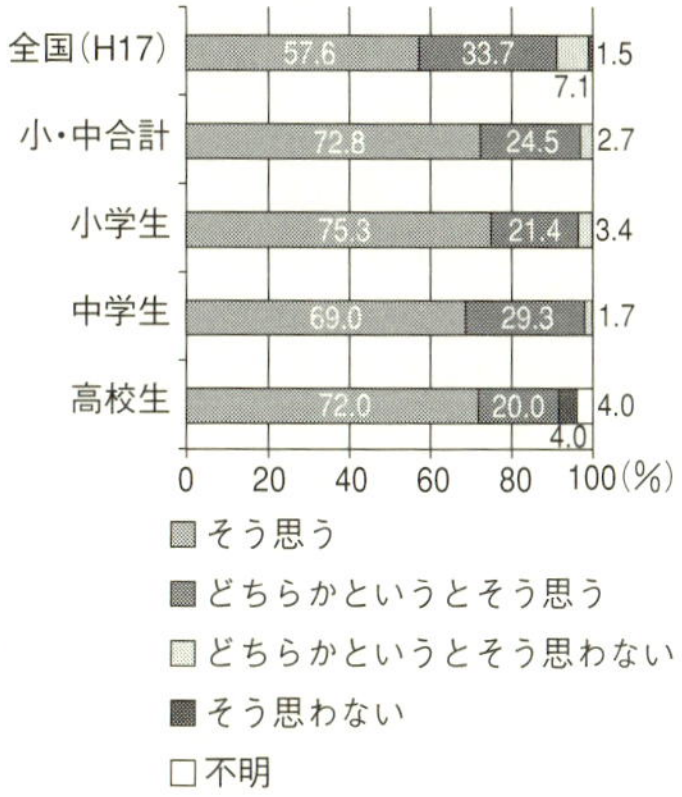

図3-6　勇気のある人になりたい

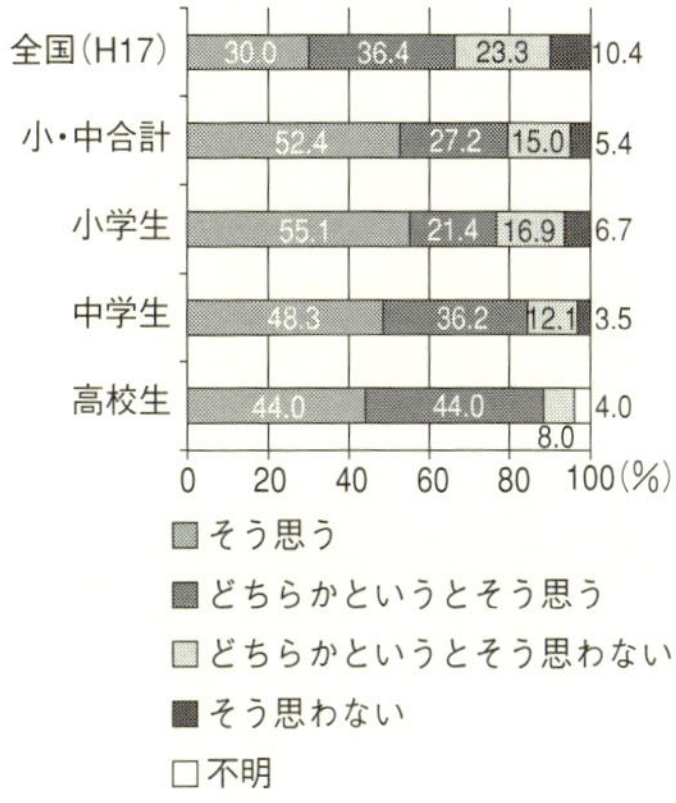

図3-9　友達から人気のある人になりたい

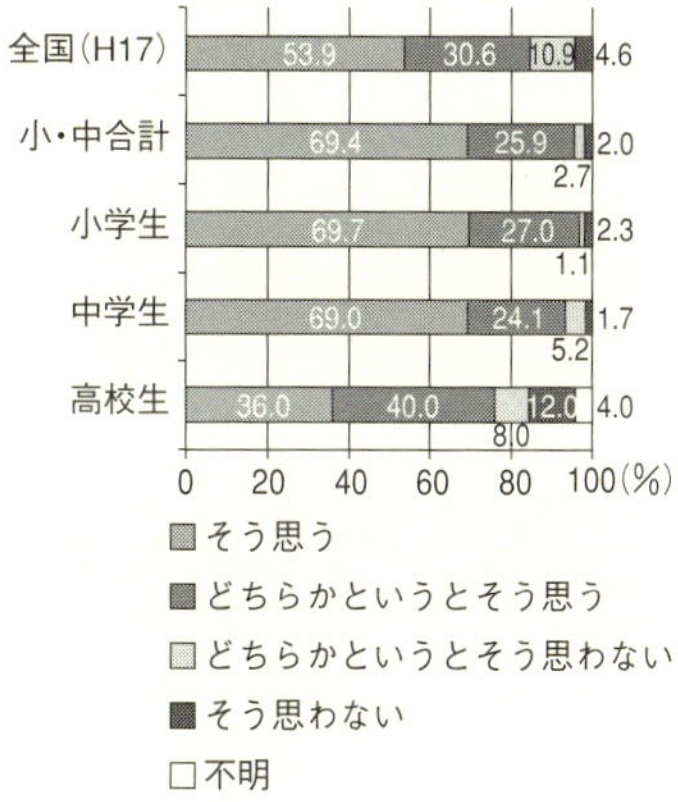

図3-7　勉強のできる人になりたい

護者と共に乳幼児期を過ごします。そこで育んだ愛着や仲間関係，生活習慣などは，子どもたちの生涯にわたり多大な影響を及ぼします。その大切な時期を，保育士や仲間たちと共に歩むのが保育園なのです。

私たちは全国夜間保育園連盟が築いた保育の知恵を，「保育パワーアップ研究会」を通して世界に向け発信しています。詳細はWEB（http://childnet.me/）をご参照ください。

あんめ・ときえ（筑波大学医学医療系教授）
しのはら・りょうじ（山梨大学大学院医学工学総合研究部講師）
すぎさわ・ゆか（牛久市　保健師）
わたなべ・たえこ（足利工業大学准教授）

〈参考文献〉

安梅勅江　子育ち環境と子育て支援―よい長時間保育のみわけかた―　勁草書房　2004
安梅勅江・呉栽喜　夜間保育の子どもへの影響に関する研究　日本保健福祉学会誌　7(1), 2000
Anme T, et al. Health of school-aged children in 11+ hours of center-based care. *Creative Education*, 3(2), 2012
Anme T, et al. Does night care affect development? A five-year follow-up. *Education*, 2(5), 2012
保育パワーアップ研究会　http://childnet.me/

第4章 夜間保育の実践——親子支援を中心に

——片野清美——

第1節 新宿で無認可としてスタート

エイビイシイ保育園は1983（昭和58）年東京都新宿区の歓楽街に近い大久保のビルの一室からスタートしました。ベビーホテル全盛期で、資格も何もなくても猫もしゃくしも無認可保育園を開ける時代でした。子どもを抱えて夜働く多くの女性たちがいる眠らない街、新宿。夜間保育施設にするつもりはありませんでしたが、土地柄、24時間型保育園になってしまいました。あらゆる親のニーズを受けとめ、どの時間帯でも預けることのできる保育園としての出発でした（産休明け保育、乳児保育、夜間保育、深夜保育、緊急一時保育、休日保育、夜間学童保育など）。

当時はまだ夜間保育が「悪」とされる時代でしたが、保護者の職業にかかわらず子どもたちが健やかに育つことを願い私たちは毎日奮闘し頑張りました。無認可保育園というものはお金がなく本当に経営は難しい。いつもいつも頭の中はやりくりの事ばかりに追われ、バザーをよくやっていたものです。時には新聞紙や段ボール等を車に乗せ売りに行ったものです。経営の厳しい中いろいろな疑問にぶち当たるたび、公立園や私立認可園に通っている子どもたちは、みんなきちっとした処遇を受けているのに、なぜ夜間の子どもたちは何の保障もないのだろう？と考えていました。それほど夜間保育を必要とする子どもたちは多かったのです。しかし、この時期の保育園はお金がなくきつかったけど、私は夢に燃え心は弾んでいた気がします。

１９９１（平成３）年度に新宿区の補助金を受けられ夜間の保育室と認められ経営も少し楽になると思ったものの、予想以上にエイビイシイ保育園を必要とする子どもたちは多くいました。訪ねてくる親の事情を聴くたびに断れなかったことを思い出します。子どもが増えるごとに経営はきつくなりました。しかし保育内容は充実し楽しくなりました。職員も保育を楽しみながら子どもたちと生活を共にしました。いつも明るい夢や目標を掲げていました。「いつかみんなで夜間保育園を創ろう」と夜間を必要とする親子のために公的な立場の保育園を創る事を目標にし、突き進んできました。

無認可保育園でありながらも「夜間保育園」としての自負心や自尊心が原動力となり、たくましくこの保育園を支えていたのかもしれません。

その後、苦しいことも嬉しいこともありました。

地域に密着し必要とされる保育園となるよう関係者や応援してくれる人の力を結集し、夜間保育園設立のための認可運動をおこしました。その運動中、無認可保育園が法人格を取る難しさや、資金面など、あらゆる場面で苦労し、社会福祉法人を取得するハードルの高さを身に染みて感じたものでした。最後まであきらめずに努力した成果でした。

社会福祉法人杉の子会エイビイシイ保育園は、無認可保育園としての18年間の実績が認められ、保護者、地域の住民、職場の仲間などの応援を得て２００１（平成13）年４月都内初の23時間保育園として新たにスタートを切りました。

法人格を取得したことで補助金も増えて経営的にも楽になったけれども、引き換えに失ったものも決して少なくなかった気がします。また24時間ではなく23時間であったために、１時間の差で思うような運営が難しく、保護者の方々からの「相談」が起こりました。その時分、保育所は通所施設なので24時間では「通所」ではなくなるという行政の判断がありました。１時間だけとはいえ保育園が閉じてしまう為、保護者の勤務の状況によっては勤務時間内に一度子どもを迎えに来なくてはならないことになります。看護師さんは三交代勤務ができなくなり、最後は自分の勤務先の院内保育所とエイビイシイ保育園とを掛け持ちで利用することになった保護者もいました。そういう姿を見るたびに働く親たちがとても苦労をして子育てをしていることを感じました。

いろいろな苦労と実践を続けながら24時間通所施設とするための運動に取り組み、１年後、行政との合意に基づき24時間開所の保育園を実現しました。保護者はどんなに喜んだことか。しかし世の中には「24時間保育園なんて…」と思う人が大勢いて理解してもらうには本当にずいぶん時間がかかったのです。

それゆえ、私たちは24時間〝質の高い保育〟を目指して頑張ろうと決意しました。

世の中昼の仕事もあれば夜の仕事もあり、人々は直接的にも間接的にも多種多様な職業の恩恵を受けているし、そうやって成り立っている。親の仕事に貴賤もないし子どもを育てるために頑張っています。父子家庭もあれば母子家庭もある。家庭環境もいろいろなのです。働きながら子育てするためには多種多様な職業に対応できる「保育園」そして「保育時間帯」が必要と考えています。

認可され13年、世の中の待機児童の多い中、エイビイシイ保育園も平成23年4月1日分園を開所しました。本園と一緒で24時間開所の20人定員の小規模保育園です。0歳児5名、1歳児15名の小さな〝おうち〟です。

エイビイシイ保育園は90名定員となりました。いろいろなことで経験を積み上げ努力してきた成果です。私はこの30年間、夜間保育の実践を通じて夜間保育園は〝生活の場〟であり親も子どもも共に育ちあうところであり、長時間保育をしていてもなんら問題はないと確信しています。

現在は〝夜間学童クラブ〟も運営しています。〝エイビイシイ風の子クラブ〟といい24時間運営です。保育園を卒園し、親の就業等で公立の学童クラブでは守ってやれない子どもたちのための夜

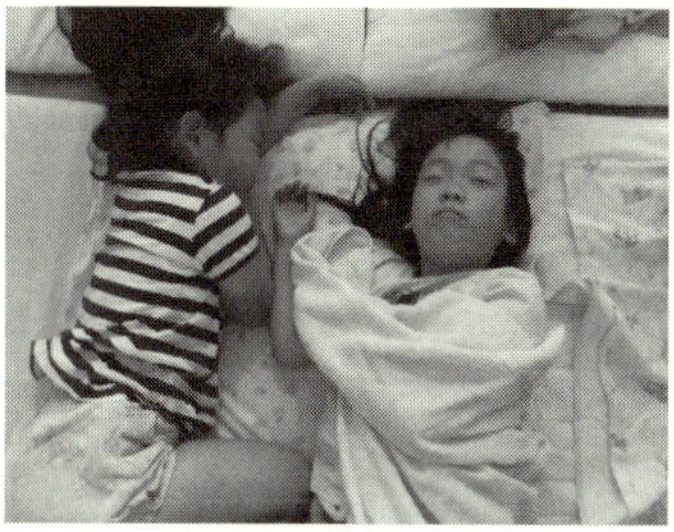
みんなでグッスリ

間学童クラブなのです。地域とのかかわりを大切に子どもたちは伸びています。現在は平成26年4月1日開所に向けて新しい学童クラブを建設中です。とても楽しみです。

保育園では生後43日から、学童では6年生まで24時間体制の仕事と子育ての両立支援です。こういった支援に賛否もあると思いますが、保護者は安心して二人目三人目を出産しています。今後はイベント企画などを通じてさらに地域に根づいた施設を目指していきます。無認可保育園を18年、認可園となり13年。〝夜間保育園〟〝24時間保育園〟を目指して実践してきたもの、それは地域に支えられ最後まで昼の子も夜の子も平等というポリシーを貫き通し、情熱をもちどんな困難にぶち当たっても道を切り開く力を与えられたことだと思います。

最後に〝夜間保育〟はとても楽しい。夜間保育園を卒園した子どもたちは皆たくましく社会に貢献しているやさしい子に成長しています。

少子化問題が国の最重要課題である今日。子どもを産んで安心して子育てをしながら働き続けられる社会を目指して地域に根差した子ども中心の〝居場所〟をつくっていくことが私たち〝大人〟の責任であると思います。また保育園と学童クラブの整備は女性の就労支援に繋がるため今後も全力で取り組んでいきたい。保護者の自立を支援することは子どもにとっても大切であり親子の幸せに繋がっていく、ということをここ数年で実感しています。

これからも一人の女性、母親として地域で育つ子どもたちの見守り役でありたいと思っています。

かたの・きよみ（エイビイシイ保育園園長）

第2節　夜間保育園としての親子支援と価値観のちがい

——金子玲子——

神奈川県平塚市にあるもんもん保育園は、15年間の無認可保育施設を経て神奈川県の夜間保育園のモデル事業として１９９２（平成４）年4月に開設されました。県の担当者から「目の前に困っている子たちがいるのだから、その子たちの居場所をつくってあげて欲しい」と背中を押されてのことでした。

平塚は東京までＪＲ東海道線で約1時間の通勤圏内にあるので、自己実現に向けて社会参加している女性が多く、結婚して子どもを生み育てながら仕事を続けています。その家族を支援していくためにも夜間保育園は大きな役割を担っていると考えています。その一方で時代の変化と共に保護者の働き方も多様化してきています。

Mちゃんは産休明けの2か月で入園してきました。朝7時から夜10時まで土日祭日を除く毎日通園していました。ある朝、寝坊したと言ってタクシーでやって来た母親は、Mちゃんを玄関に残しアッと言う間にタクシーに飛び乗って会社に向かいました。玄関にはパジャマ姿で紙オムツがパンパンに膨らんだMちゃんが立っていました。ある時Mちゃんの体調が悪くなり入院した折、母親は仕事が休めないので1週間ほど病院から通勤しました。父親は海外出張中で、母親はとてもつらかったと思います。このMちゃんが保育園で昼食、夕食をよく食べお代わりをするようになった頃からは、心身共に大きく成長していきました。母親は「夫も私も外食が多いので、子どもが保育園で昼食・夕食をしっかり食べてくれるので助かります。それに遅番の先生が夜遅い子の心のケアをしてくれるので、私も安心して仕事が続けられます」と話していました。

やがてMちゃんが小学生になり、当法人の運営する児童クラブで夜10時まで利用するようになりました。小学校の授業が始まって2週間目のある日、泣きながら帰ってきたMちゃんに指導員が話を聞くと「○が10個あって7つ色を塗るように先生から言われたんだけどね、ぬり絵しているみたいで楽しくなっちゃって10個全部塗っちゃったのね。それで『できた』って先生に見せたら、大きな声でね、『先生の話をちゃんと聞いていなかったでしょ！』って叱られちゃったの。もう学校行きたくない。だけどパパもママもお仕事忙しいから言えない」と言い、大泣きになりました。児童クラブの指導員が担任に事情を伝えて受け入れてもらいましたが、母親にはMちゃんのいない所でMちゃんの気持ちを伝えました。母親は「私が夜遅くまで仕事をしていることで子どもにかわいそうな思いをさせてしまっているのかと思い悩むことが何回もありました。その度に保育園の先生方に助けてもらったことや、今も児童クラブの先生に助けてもらっているので、私たちが頑張って働いている姿をこの子がいつか理解してくれて、何かを感じ取ってくれたらうれしいと思っています。もし、私が今仕事を辞めてしまったら今の私には何もない。ただ家にいて帰りの遅い夫にイライラして、時にはけんかをすると思うし、子どもを虐待してしまうかもしれないと思う自分がいるのです。そんなマイナスな考えで悩むのならやっぱり私なりの社会参加をして、自分の人生も大事にしたいと考えました。だから、夜間の保育園と夜間の児童クラブにとても感謝しています。これからも子育てと仕事を頑張ってやっていきます。よろしくお願いします」と笑顔で帰って行きました。このような人生の価値観を持っている母親を夜間保育園としてはしっかり支援したいとあらためて思いました。

　次はひとり親家庭の母親から「私、今の仕事を辞めて自分の好きな仕事をしたいので、働きながら勉強して資格試験に合格したら東京の銀座で仕事をしたい。だから土曜日も含めて夜10時ギリギリのお迎えになります」と言っていたHちゃんとOちゃんのお母さんは見事に試験に合格し、希望どおり銀座で仕事をすることができるようになりました。収入も増え親子3人での生活に多少のゆとりができるようになったと喜んでいました。HちゃんとOちゃんも夜遅くお迎えに来る母親を待ちながら、遅番の保育士にたっぷりと甘えて遊び、安心して眠っていました。そんなある日、「先

みんなでなぐりがき

はっけよーい、のこった！

生、今まだ東京なの。事故があったようで電車が動かないから、動き出したらまた電話します」と連絡が入りました。お迎えが特に遅くなる時でも、子どもが安心できるようにしてお迎えを待ちます。これも就労支援であり夜間保育園ならではの社会的役割だと感じています。

このHちゃんが小学校へ入学した春のことです。母親から「Hの担任から『夜間保育園なんかに入れていたからHちゃんが落ち着かないようになったんでしょ。それにお母さんの仕事も東京なんかに行かないで、地元で仕事をしなさいよ。探せばいくらだってあるでしょ。そしたら夜まで児童クラブにHちゃんを預けなくてもいいのだから』って言われちゃいました。夜間保育園って悪い所なんですかね。今まで沢山助けてもらってきたし、今だってもし子どもが『お腹すいた』ってここで言ったとしたら、先生がいなかったらピンタしちゃいますよ。私だって頑張って仕事して疲れて帰って来たのだから。小学校って保育園と違って私たちの生活のこと考えてくれないんですね。いきなり仕事を変えろって言われてもね。さすがにこの私も言い返せなかったわ」と早口で吐き出すように言って帰って行きました。Hちゃんが落ち着かないのは小学校と児童クラブの新しい環境に戸惑っていたのでしょう。同時に母親の私生活も大きく変わり、いろいろなことが重なってHちゃんは不安定になっているのだと思いました。

夜遅くまで児童クラブを利用する子どもたちは、学校の宿題はクラブにいる間に終わらせているのですが、Hちゃんは宿題どころか教科書すら学校に置いたまま帰ってくるので、仕事で帰りの遅い母親に代わり指導員から担任に連絡を入れたのですが、「宿題は本人の意志でやるものです。児童クラブではやらせなくてもよいです」との返事がありました。もちろん小学校の担任との関係がこのままでよいとは思っていませんので、校長先生、教頭先生と学年主任の先生方と話し合いをすることになっています。話し合えばきっと分かってもらえると信じています。先生方も夜の8時過ぎまで仕事をしている日がたびたびあるのですから。

しかし、今の多様化している社会にあっても、いまだなお、夜間保育園が悪ととらえられている現実を目の前に突きつけられて、なんともやるせない気持ちで一杯です。それでもなお、子どもたちを温かく見守り応援してくださる地域の方々と共に、自分の価値観を信じてこれからも夜間保育、夜間までの児童クラブを必要とする人たちを支援していきたいと思っております。

かねこ・れいこ（もんもん保育園園長）

第3節　夜間保育の実践―親子支援（親子プログラム）を中心に―

―草場加奈子―

豊新聖愛園は、大阪市の北辺にあり１９５３（昭和28）年に地域の幼児教育の場として日本キリスト教団淡路教会が設立した幼稚園を母体にしています。その後、障がい児との出会い、保護者の就労保障・子どもたちの保育保障を考え、社会福祉法人路交館を設立、幼稚園から保育園へ移行し、「障がいがあってもなくても共に育ちあう『障がい児』共同保育」を柱とする保育に取り組んできました。

この40年の歩みの中で、保育を受けたくても受けられない障がい児や差別された環境での子育てを余儀なくされている人たちがいます。夜間保育もそのひとつです。

法人内に１９８４（昭和59）年に開設した夜間保育所あすなろと24時間型の夜間保育所として２００６（平成18）年に開設した豊新聖愛園の2か所の夜間保育所があります。開所当時保育所あすなろの利用者層であった飲食業など深夜型の親に加え、近年、朝から登園してくるキャリア型の保護者《デパート・新聞社、医療関係者》も加わり、さらに障がい者施設や老人福祉施設職員など長時間あるいは宿泊を伴う多種多様な職業の親のニーズが増えました。

1．登園時間の二分化

深夜・早朝まで仕事をしている親にとって、「毎朝○時までに登園してください」と言われるのはとうてい体調がもたず長続きしません。園から「明日は遅刻しないでくださいね。遅れると子どもさんは仲間に入りにくくなりますよ」と言われても、体力が続かず遅刻する、園に行くとまた言われる、のくり返しで、だんだん登園しづらくなり、できるだけ職員と目を合わさないようになり、まるで物を預けるように必要な手続きだけで仕事に向かってしまうのです。

子どもにとって、朝から太陽の下で友だちと身体を動かして遊び、年齢に応じた力を養っていくのがよいことはわかっています。しかしながら親自身の体力・気力が続かないのが現実です。

親にとっても、子どもにとっても楽しい保育所にするために、登園時間の見直しが課題でした。

そこで、保育の山場（設定保育など）を思いっきり午後にもっていき、登園時間の幅を広げました。第一次登園が、開所時間の朝7時から11時まで、ここでいったん閉門し、昼食が始まる。そして昼食後、小さい子どもたちは午睡に入る。午後になると第二次登園時間として13時～14時の間、午前中家庭で親とゆっくり、ほっこりしてきた深夜勤や夜勤明けの保護者が子どもを連れて登園してくる。子どもとゆっくりできるのが午前中のわずかな時間しかないため、乳児の間はその時間を大切にもってもらっています。14時には全員揃って太陽の下での保育が始まるのです。

このような取り組みは年長児になるまで続きます。深夜型の子どもは、よほどの行事以外には、午前中から登園してくることはありません。しかし、年長児になると目の前に小学校がみえてくる。そこで、年長児の登園時間を午前中に切り替え、4月から8月まで慣らし期間に入り9月になると午前に設定保育をもってきて、親も小学校入学を目標にこれまでの生活リズムをつくりかえ、子どもを送り出すリズムに変えていってもらうのです。保護者は大変ですが、半年が勝負どころです。「今、がんばれば4月からは楽になります。子どもにきちんと小学校に行かせるためにこの半年で生活リズムを整えましょう」。卒園児のその後を聞くときちんと学校へ行けているようです。

2．「お風呂にようい れん!!」とAさんからのSOS

十代で母になったAさんは、18歳でまだまだ遊びたい年頃でした。母になったことで、何とか母親業をしなければと頑張っておられましたが、現実は母子家庭で2人（0歳・1歳）の子どもを育てながら収入源はアルバイトのみ。経済的不安を抱えながら仕事もそこそこに迎えに来ると子どもは愚図るし、おまけに夜な夜な泣かれて子育てはお手上げ状態。Aさんの家庭状況を知り、育児不安が大きいことから、保育所で超長時間保育で受け止め、昼・夜ご飯を食べてさせてお迎えを待つことにしました。それでも十代の母が、子育てと仕事を両立させるのは大変で、『先生もう無理!! 連れて帰って、お風呂に入れようとすると暴れて頭打ったりしそうになるから怖いねん。お風呂はよう入れん」と泣き出されました。「じゃあ、お風呂まで保育所で入れよう！　家に帰ったら寝かせるのは頑張ってね」とお風呂対応（22時）までの支援を開始しました。会うたびに声をかけ、子どもの様子を聞いても「私が戸惑う時間も解決する時間も待ってくれず子どもは泣き叫ぶ。子どもが宇宙人に見えてくる。言葉が通じずイライラするだけ」とあいかわらず。『それでもお母ちゃんは、遊びたい年頃なのに毎日ちゃんと子どもを連れて来てくるので、偉いなぁと思ってるよ』とほめ続けると、ニッコリして子どもの家での様子などを話してくれるようになりました。

十代の母にとって、社会性が身につく前に母になり、気がつけば二人の子どもの親になっていて、自分より数段年上のママたちから、「○○ちゃんのママ～」と呼ばれ、他の母親を避けていたようでした。1年、2年と経つうちに、子どものことを担任によく話してくれるようになり、他のお母さんたちともよく話している姿もみられるようになり、母親ぶりに少し余裕がみられてきました。何より保育にも興味をもつようになり、6年かけて母親になったんだなぁと感じています。上の子が小学校に入るのを機に昼間の仕事をみつけられ、頑張っておられます。子どもの成長も大人も同じで、その人その人のペースを守りながら成長していける支援こそが、必要な時間なのでしょう。

私たちが支援を考える時つい焦ってしまいがちですが、支援を必要としている親のペースはさまざまで、たんなる押しつけは親を逆につぶしてしまうことになります。私たちはかかわれる在園期間を持ち時間と考え、小学校という次の社会への巣立ちを見据えて、今、支援すべきことを親と確認しながら〝子どもと保護者の巣立ち〟の準備を見守っていくことが一番大切なことだとAさんに教えられた気がしています。

3. 子育て支援は、時には不公平さを生む

子どもが保育中に熱を出すことがあります。当園では保育中に熱が出た時の対応を「子どもの平熱より1・1度を超した場合は親に連絡を入れ子どもの様子を伝える。都合がつき次第お迎えをお願いし家庭で安静にしてもらう」と親に示していますが、保護者にしたらいつも都合よくお迎えにいけるわけではありません。お迎えが難しい場合、ゆとりの部屋とゆとりの保育士がないので保育室の隅で寝て待つことになるのですが、都合をどうにかつけて迎えに来た親からすると「努力して必死に迎えに来たのに迎えにもこない親がいる。園はどうしてもっときつく迎えに来るように言わないのか。園のやり方もおかしい」「熱のある子を元気な子どもと一緒にしないでください。病気がうつったらどうしてくれるんですか！」と一触即発になることもあります。保護者の気持ちはよく分かります。言われることは正しいのですが、夜間保育所には病児保育専任担当者は配置されておらず、お迎えの来ない子のために人手の配置もできません。それでも私たちはこの子を見捨てることはできません。頑張って迎えに来てくださったお母さんには感謝していますが、どうしても都合がつかない場合、お迎えに来られるまで園でお預かりすることにしています。一番しんどいのは

子ども自身なのですから、できるだけ不安のないように受け止めることにしています。

お迎えにこられた親はわが子のうれしそうな顔をみて「きてよかった」と感じられることでしょう。しかし、誰にも頼れず努力しても今は何ともできない人もいるのです。子育て環境はそれぞれに大きく違います。〝不公平〟に見えるかも知れませんが、最もしんどい親にに寄り添い、支援を必要としている親に対応しています。夜間保育所に限らず、働く親はさまざまな状況を抱えて子育てしているのですから、それぞれのしんどさに対応できる園でありたいと考えています。

4．「子育て証書」授受　職員一同より

自分の子育てを振り返ってみると確かに容易ではなかったような気がします。〝なかったような気がする〟という表現もどうかと思いますがしんどさはその程度にしか残っていない。しかし、よく思い出してみると、その時その時を周りの人に支えられて〝母親〟になれたような気がします。

夜間保育所に来る親をみるとそれぞれ違った家庭環境の中で、親として戦っている人たちばかりです。身内や友だちに支えられて頑張っている親、周りに支援者をみつけられず途方にくれている親、誰もひとりでは生きていけませんし子育てはもっと大変でしょう。そんな親同士が互いに支援者になれるよう、保育所もその支援者のひとつになれたらと考え保育を引き受けています。卒園の時、子どもの成長した姿と同じように親の成長を感じ感動します。《喜びも悲しみも子どもと共に

どろんこ遊び

0～5歳児の全体劇

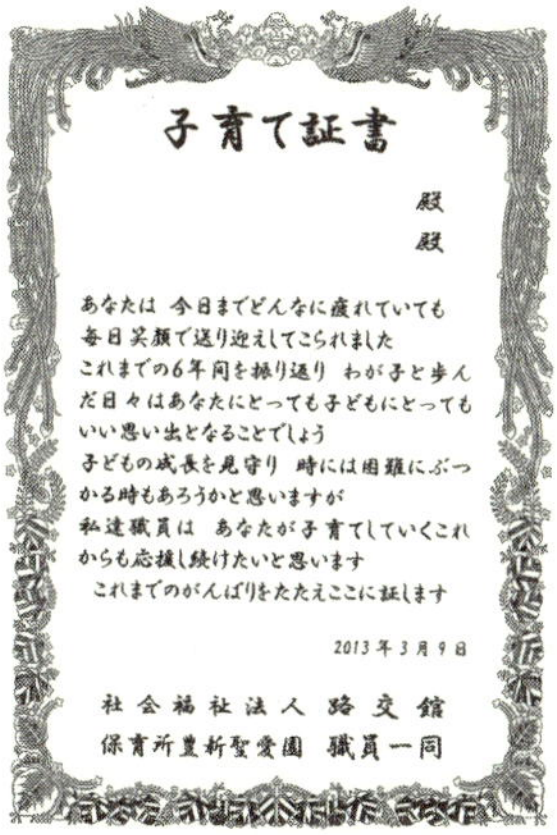

子育て証書

殿
殿

あなたは 今日までどんなに疲れていても
毎日笑顔で送り迎えしてこられました
これまでの6年間を振り返り わが子と歩んだ日々はあなたにとっても子どもにとってもいい思い出となることでしょう
子どもの成長を見守り 時には困難にぶつかる時もあろうかと思いますが
私達職員は あなたが子育てしていくこれからも応援し続けたいと思います
これまでのがんばりをたたえここに証します

2013年3月9日

社会福祉法人 路交館
保育所豊新聖愛園 職員一同

図4-1　子育て証書

歩んできた日々を私たち職員は、しっかり寄り添い見てきましたよ。》ということを伝えるために子どもたちには『卒園証書』を、親たちには『子育て証書』を授受します（図4-1）。卒園したこれからもあなたたち親子を応援していますという思いを込めて。これまで、出会ったすべての親子からもらった数々の思いに「ありがとう!!」の気持ちでいっぱいです。

多様な問題があるのが夜間保育所であり、それらを包括できるのも夜間保育所です。何よりどんな親子でも住み慣れた地域で安心して子育てできる環境が必要なのです。もしもの時の幅のある保育保障の場として、24時間型の保育所の役割は大きいと自負しています。

くさば・かなこ（保育所豊新聖愛園園長）

第４節　夜間保育園はもうひとつの家庭

――高良桂子――

1．沖縄で夜間保育園に取り組んで

近年、少子高齢化や核家族化が進み地縁血縁による子育て力が低下してきています。子どもの安心安全の確保、健全な育ちの保障、子育て家庭への支援が保育園に求められるようになってきました。保護者は多忙さで子どもとじっくり向き合い、子どもの気持ちを受け止め理解することさえできず、特に深夜に及ぶ保育を必要としている家庭においては顕著です。地域社会の中において人間関係が希薄化し地域文化を継承する場の確保も少なく、これまで紡いできた子育て文化も失われつつあります。那覇の中心地に位置している当園においては地元独特の行事や文化を通してさまざまな形で地域とかかわりを深められるよう保育計画を立てています。多様化する保育ニーズにも積極的に取り組み、特に昼夜併設していることで延長保育の拡大、長時間保育・一時保育等を展開してきました。地域社会から孤立し育児に対する不安や負担感等で苦悩している子育て家庭も多くなり、それぞれの家庭に側したきめ細やかな支援が必要となってきました。

2．沖縄における子育ての現状

全国都道府県の中で離婚率が全国一、その一方で女性が出産する子どもの数（特殊出生率）も連続一位となっています。沖縄では女性の正規就労率が低いため、離婚後子どもを扶養する女性の負担は大きく、生活を支えるため保育園の存在は単身家庭にとって大切な拠り所となっております。特に長時間勤労に従事している人、就労が夜間に及ぶ家庭においては夜間保育の存在は必須です。当地では繁華街のビルの一角にベビーホテルや認可外施設が多く、子どもの健全な育ちの面から懸念されることが多々あります。

3．県内初の夜間保育園

１９９７（平成9）年太田知事県政当時、第三次産業の盛んな沖縄に夜間保育園が一か所もないというのはおかしい…と。夜でも親が安心して働ける体制づくりとして、県は、既存の保育室を利用し県内に3～5か所スタートさせたいとの方針を示しました。そして県内に3か所（沖縄市・宜野湾市・那覇市）モデル事業として発足させたのです。制度の施行を望む親がいる一方、「夜間保育の助長は子どものに悪影響」「夜働く職員の家庭や子育てはどうなるのか」と問題点を指摘する識者もおられました。まず地域のニーズ調査を行うことから行動を開始しました。独自でアンケー

みんなで食べるとおいしい～

家族に見せる晴れ姿

トを作成し、周辺のデパート、スーパー病院等に出向いて調査を行いました。2週間後の回収も順調で、結果は65%の人が夜間保育園を望んでいる現状を把握することができました。夜は家族団欒の中で過ごしてほしいという思いもあり、いま一歩踏み出しきれないという状況でしたが、夜まで働かなければ生活が成り立たない家庭があることを思うと保護者に代わって子どもを守っていくべき責任を感じ、実施の方向で取り組みました。試行錯誤のうえ、何とか軌道にのせることができました。当初3名の子どもを受け夜間保育はスタートしましたが、月毎に利用者は増え、県が示したおおむね10名くらいという目標は突破し3年目には23名の利用となりました。職員体制や子どもたちの生活リズムも整い、ゆとりさえ出てきたものの夜間保育園に対する社会の目は冷たく「かわいそう」「惨め」等々。世論のマイナスイメージを一掃する努力を職員と共に頑張りました。親の就労で長時間親元を離れて過ごす子どもたちにとって、温かいもうひとつの家庭づくりに力を注ぎました。一人ひとりのわがままや甘えを受け止め、子どもたちが安らげる居場所づくりを目指しました。子どもたちに暗いかげりはなく１９９９（平成11）年の国庫援助で園舎の改築を行い、地下１階・地上５階の新園舎が完成。２０００（平成12）年４月、玉の子保育園と併設で、30名定員の小規模保育園「玉の子夜間保育園」が誕生しました。２０１２（平成24）年１月、午前２時までの開所をさらに４時間延長し朝６時までの対応をしています。朝７時から翌朝６時までの23時間開所の中、保護者の就労に合わせて昼の入所だったり夜間保育の対象だったりと弾力的に受け入れています。２００６（平成18）年度より昼夜一体化し職員のシフトも14ローテーションで組み、昼・夜分け隔てなく保育をすることで子どもたちの明るい笑顔と発達の連続性も確認でき、職員もお互いの立場を理解し合えるようになってきました。

４．入所児童の実態と保護者支援

当園における家庭の状況は、父子母子家庭の割合が全体の18％となっており、身近に子育ての協力者がいない家庭も６％を占めています。協力者のいない家庭は、県外・先島等の出身者が多く急な子どもの病気でも迎えができず仕事に支障をきたしている状況です。園でギリギリまで対応しますが場合によっては、保育サポーターのご協力を頂くこともあります。このように家庭環境の実態から子育て支援の必要性が明らかになってきます。地域社会から孤立化し育児に対する不安を抱いている母子に対し、園は公的機関やネットワークも利用しながら問題解決のため相互理解を深めつつ、子育て環境を整えていきたいと思います。以下はそのケースです。

　B子は1歳の時入園。母親は県外出身で母子家庭。精神疾患をもった母親は感情の起伏が激しく子育てに対し不安と負担感をもっていました。身寄りがなく子育てがうまくいかなくなると自分を責め衝動的な行動にでていました。

　5歳になったある連休の中日イベントに出掛けた際、母親の言うことを聞かず迷子になりました。B子が母親の言うことを聞かないのは自分の責任だと思い込み、帰宅途中保育園の門の前に嫌がるB子を置き去りにし一人立ち去った。休日担当の保育士が保護し母親に連絡をとったが繋がらず、園で入浴と夕食を済ませる。19時過ぎに那覇署に連絡をして母親の捜索を依頼した。結局その夜は母親の消息はつかめず園長と保育士が付き添い朝を迎えた。翌朝母親が見つかったとの知らせに安堵する。しかし子どもには会いたくないと言う。子育てに対する不安から自傷行為を行い自己嫌悪に陥ったようだ。身寄りのないB子は親元に返せず児童相談所の緊急預かりとなる。一方母親は病院での受診を終え帰宅するが、一人でいることの不安を感じ、職員と共に家庭の見回りをして母親の状況を連絡しあう。連休明け役所にも連絡をとり関係機関と共にケース会議を行う。1週間後、母親のもとにB子は戻った。しばらくは「ママがいい」と母子分離を頑なに拒否し、家庭から離れられなくなった。

　衝動的な行動に走り精神的ダメージが大きく残っている母親に対し、子どもだけでなく保護者支援も同時に進めていかなければなりません。これからの保育園は個々の家庭状況に応じた細やかな支援を関係機関と共有し解決していかなければならないと感じたケースでした。

5．最後に：地域の子育て文化の拠点をめざして

「親が子育ての責任を果たせるように支援する事」と指針にも提示されているように、もはや子どもだけが対象ではなく親も含めた形での支援が必要です。今、子育ても保育園に全面依存の傾向がありますが子どもの健全な発達の保障のために他団体とかかわり支援をしながら子どもの最善の利益を確保できるよう行政側とも連携をとり相互理解の下、地域の子育て文化の拠点として保育園の存在意義を伝えていきたいものです。

たから・けいこ（玉の子夜間保育園園長）

コラム2

夜間保育園で子どもたちに教えてもらったこと

（橋本充久仁）

朝から外で遊ぼう計画

夜間保育園は保育所です。さまざまな事由で保育に欠ける子どもを親に代わり保育する。Aちゃんの母は、夜間就労で、一般の方より朝ゆっくりです。Aちゃんは園に登園するとお昼まで寝ていて、一日中家の中で遊んでいた話をしてくれました。1年生になり朝起きられるのかと心配していました。親もゆっくり寝て子どもも朝から元気におひさまの下で遊べる方法はないのだろうか、職員みんなで話し合い段階的に午前中の開所を進めました。当時は公的に前倒し延長は認められていませんでしたので、職員の気持ちと園の自主運営で成り立っていました。

福祉の基本。目の前に困っている人がいれば、手を差し伸べる…

今の保育制度では、住所がその自治体にないと保育所に入所できません。「今晩子どもを見てくれる人がいない」という切羽詰まった母からの電話に、対応できそうな所の連絡先を伝えるなどしていたが、「果たしてそれで良いのか？」「この母子は救われているのか？」という些細な疑問から、対応できる限りの一時保育を始めました。結果数日して親子二人で引っ越してきて正式に入所した親子が数名います。核家族が多く、どこにも相談するところがない母親や、夜間にどうしても子どもを預けなければいけない家庭が意外に多いということを知りました。

卒園しても遊びに来る卒園児

学童の受け入れは、4年までですが、5年になったからといって深夜まで家で一人、母の帰りを待っているというのが子どもにとって良いのか？　何歳からならば、何時までならば子どもに一人で留守番をさせられるのだろう？　職員は、卒園した子どもたちに、いつでも遊びにおいでと伝えてきました。多くの子どもたちが毎日遊びに来るようになり、安心できる場所であり居場所になっていきました。

保育所は社会の窓口

きっかけは、在園児の家庭訪問…Mちゃんの話の後に、母から「Y（兄。卒園児）が中学校に行っていない」と聞き、学校へいけないのなら替わりに保育園においでと誘う。社会との接点を持つ保育園を通してやっていこう。保育園全体でのかかわりになる。Yは、一日中家でゴロゴロしていた生活から抜け出し毎日元気に保育園に通ってくるようになりました。

いつでも来てよいところ

　卒園児が友だちを連れてくるようになると、職員は卒園児の友だちにも自然にかかわり、時には保育園の手伝いもしてもらいます。そうすることでその友だちも園が「居場所」になります。その友だちが友だちを連れてきてまたその友だちを、と多くのボランティアの子どもたち（中学生）が園を訪れるように。〝自分の居場所をみつけたい〟〝人に認められたい〟〝人から必要とされていたい〟〝自分自身を認めたい〟という思いが大きくその場所を探している子どもが多いと思います。

生活力の向上

　いざという時に自分でなんとかする力、生活力を持つことに問題はないだろう。学童にくる子どもたちと卒園児を対象に、食事の作り方、身の回りの整理整頓、衣類の洗濯、などなど生きていくうえで必要の力をつけてほしくて、キャンプを行います。楽しみのキャンプではなく生きる力を育てるキャンプです。食事を作り、洗濯をして片付ける。そんなキャンプの帰り道、Aちゃんが「ママってすごいんだね。ママって毎日あんなことしてるんだよね」「ご飯つくったり、洗濯したり…」「そうだね、お仕事して帰ってきてご飯とかつくって…ママってすごいんだね…」その時、深く考えているAちゃんの言葉を今でもはっきり覚えています。

　数年ぶりにキャンプに参加してくれた高校1年生の女の子が「ココはいつでも自分らしく居られるところ、本当の自分でいられるところ」と話してくれました。思春期になり、周りを意識しながら成長していく中で、いつまでも子どもたちに〝ココに来ればいつでも自分でいられる〟そういう場所を残し続けたいと感じました。

　夜間だからできること、この街だから必要なこと、それが、夜間保育園の存在意義。他のどんな施設とも一緒ではない役割を持っていることを多くの皆さんに知っていただきたい。

（はしもと・みつくに　すいせい保育所前園長）

第5章 預けてよかった夜間保育園――保護者の気持ち

（インタビュアー）近藤亜矢子――

第1節 預ける時間が夜なだけ

安 美津子さん
大阪市北区。夫、親族の3人で串あげ店経営。営業時間は午後5時半～零時。子どもが1歳半から約1年間は大阪市東淀川区の夜間保育所あすなろ、以後卒園までは同区の夜間保育所豊新聖愛園に在園した。子どもは今、小学5年生。

うちは自営ですから、私が欠けると代わるものがいないんです。

店の2階が住まいです。出産後、私は基本的に店を休みましたが、午前零時までが開店時間ですから、子どもが大きくなるにつれ、夜の預け先が必要になりました。

預けることへの抵抗はなかったですが、どこでもいいとは思っていなかった。区役所に相談して認可の夜間保育所があると教えてもらい、電車で2駅離れた「あすなろ」に見学に行きました。

そしたら、ただ預ける時間帯が夜だというだけで、ほんとに昼間の普通の保育園と何も変わらなかった。これだ！と思い、すぐに面接。入園しました。

最初は午後1時に登園して、午後9時までに迎えに行っていました。入浴も寝かしつけもしてくださる保育園でしたから、深夜まで預けるという選択肢もありました。でも、「寝ない子」だったんですよ。うちの子が。

それまで私とべったり一緒でしたから、預けて1か月は泣いて泣いて。夕食も寝るのも嫌がり、保育士さんに抱っこされて泣いていて。私としても、そうまで嫌がるなら、と。

結婚して14年目に授かった初めての子どもです。頭では「保育園でしっかりみてくれている」と分かっていても、「お風呂だけは」「寝る時だけは」一緒にいてやりたいと心が動く。

自営ですから、親がやりくりすればまた、できたんです。なんとか店を抜け出して頑張って迎えに行きました。今から思えばかなり、大変でしたね。

でも、子どもにしたら保育園で起きて待っていて、ほかのお迎えの親子とにぎやかに電車に乗って、店に帰る。それからお風呂でしょ。周りがずっとにぎやかで興奮していたのでしょうね。寝つかないんです。

私も店に出ないといけませんから、また一緒に店に連れて来て。結局、子どもが寝るのが午前零時、1時。私はそれから片づけものをして寝るから睡眠不足で。子どもは朝なかなか起きられず、昼ごろに起きて、ばたばたと準備して登園。そんなことが1年ぐらい続きました。

寝ない。翌日なかなか起きられないということが、悩みの種でした。小さいうちに生活リズムが崩れてしまうと、大きくなってなかなか元に戻せないんじゃないかと。

その時に、同じ社会福祉法人が経営する夜間、深夜専門の豊新聖愛園がオープン。転園を勧められました。駅1つ分遠くなったけれど、移ったら、まあ、規則正しい生活になって。ほんとにうれしかった。豊新さまさまです。

「保育園で寝る子」になったんです。午後1時に登園して、午後10時までを基本に、ほとんど延長保育を。時には終電の時間までお願いしていました。子どもは保育園で午後9時には眠って、寝たまま私が連れて帰って、朝6時、7時に家で起きる、という生活に変わりました。

「お迎えは店が一段落してからで大丈夫。だって子どもは今、保育園でお風呂に入り、ごはんも食べ、ぐっすり寝ているんだ」。そういう安心は、私にゆとりをくれました。

登園するまでの午前中が親子の時間でした。そこしかコミュニケーションをとる時間がないから、親が昼まで寝ていたらもったいないじゃないですか。毎日のように近くの公園に遊びに行って、雨の日もレインコートを着て水たまりで遊んで。同じ保育園のお母さんと待ち合わせて、ＵＳＪなどに「遠足」してから登園することもありました。

お迎えの時、子どもが目を覚まさないように気を使いました。ベビーカーを持って電車で保育園まで行き、布団に寝ている子をそーっと抱き上げ、ベビーカーに寝かせて、電車で帰ります。冬は厚い毛布にくるんで、雨の日は覆いをかけて。一日たっぷり遊んでいるから、子どもはぐっすり。

子どもの成長とともに普通のベビーカーでは体がおさまらなくなったので、探して探して、外国製の一番大きなベビーカーを見つけました。楽に寝たまま連れて帰れるから、うれしかったですねえ。

あまりね、人の目を気にしないたちなんです。気にしていたらやっていられませんからね。それは何人もから言われましたよ。「こんなに遅くまで預けて子どもがかわいそう」と。私は、そうは思いません。１回もかわいそうだと思ったことはないし、夜間保育園に預けていることを卑下したこともありません。夜預かってもらってゆっくり寝て、朝早く起きて二人で遊びに行って。そのほうが大事だったから。

いろんな人に子育てを助けてもらいましたよ。駅員さんもまた、優しくてね。毎日、大きなベビーカーを抱えて階段を降りてくれました。

子どもは今でも時には「夜お母さんと一緒にいたい」と言いますよ。それに対しては、うーん。仕方ないでしょうと。そこはね。この家業の家に生まれて来たんだから、なんとか折り合いをつけてもらわないと、仕方がない。

親が夜に仕事をしている。だから信頼できるところに預ける。それは子どもにとって仕方がないことで、かわいそうなことではないです。一方で、親が夜遅くまで働いていることは、子どもの生活には関係ないことです。しんどいことはしんどいですけれど、子どものためと思ったら、親じゃなくて子どもの生活時間に合わせようと、頑張れるんです。それも、子どもと一緒にいる時間の長さじゃなくて、短くても密度の濃い時間を過ごそうということなんです。

第2節　夜間保育は私たち親子の原点です

田中　規子さん
大阪市阿倍野区。夜間保育園利用当時はメーカー勤務。のち菓子店を開店。現在は薬局勤務。子どもが2か月から卒園まで大阪市阿倍野区のナルド夜間保育園に在園。同一社会福祉法人が運営する学童保育も小学6年生まで利用。子どもは今高校2年生。

子どもを生後2か月で預けて、1か月後に「あと1時間延長を」と頼み込み、初めて午後8時に迎えに行った時の保育士さんの一言が忘れられません。

時計をにらみながら働いて、ぎりぎり1分前に走りこんだんです。やっぱりね、どう思われるかなというのがあったんですよ。今と違って、17年前。「そこまでして働くのか」という世間の視線を感じていたし、私にも迷いみたいなものはありました。だから「すみません。ぎりぎりになって」と頭を下げたら、笑顔で「仕事と子育てと両方しようと、お母さんは今、頑張ってはるんだから。安心してくださいね」って。

その一言で、私の選択は正しかったんだ。両方頑張っていいんだって。おなかの底から思えたんです。

私は仕組みを知らずに頼んだのですが、乳児の保育室と夜間保育の部屋は別で、夜間保育では0～5歳児が一緒に保育されていますから、保育園では3か月の赤ちゃんを夜間預かるために環境を整えなければなりませんでした。だからこそ、保育士さんの言葉が身にしみてうれしかった。

メーカー勤務で人事の福利厚生を担当していました。現場が担当なので夜にかけての仕事が多く、出産前の帰宅時間は午後11時、零時を回ることもありました。

その中で子育てをどうしていくか、ということから夫と意見が食い違い、結局、私が一人で子どもを育てることになりました。働き方をセーブしては生活が成り立たない。何より私は仕事が好きだったんです。実家の親が大病をしたので全面的には頼れず、とにかく夜遅くまで預かってもらえる所をと、出産前から区役所で相談していました。

午前9時～10時に登園し、保育園に柔軟に対応していただいて子どもが6、7か月の時には夜間保育園に移り、午後11時半までの保育を受けました。

夜間保育園に入ってみると、みなさん午後11時ごろのお迎えがザラで、子どもたちも親も本当に元気でパワフルで。赤ちゃんは夜間でも珍しかったようで、迎えに行くとうちの子はいつもお姉ちゃんたちに抱っこされていて。みんなにかわいがられて育ちました。

マスコミ、研究職、自営、会社員、看護師。いろんな職種のお母さん方はみな、プロとして仕事に誇りを持っていました。子育て支援という言葉も制度もなかったけれど、「制度がなければ自分たちで生活を切り開く」という気概を感じました。

小さいころは、眠っている子を保育園から「お姫様だっこ」して、歩いて15分ぐらいの自宅に連れ帰り、お風呂に入っていなければ眠ったままお風呂に入れて、翌日眠ったままパジャマで登園してと、1日起きている顔を見なかった日もありました。長時間保育なので着替えの回数が多く、深夜に洗たく機を2回まわして朝までに乾くように東向きのバルコニーに干して。私が寝るのは午前2時、3時でした。

「歯が生えていますよ」「つかまり立ちをしました」。深夜に連絡帳を読むのが楽しみでした。そうして知った子どもの成長を、休みの日にゆっくり一緒に楽しみました。

子どもが歩けるようになってからは、決まった時間に起きて、ごはんを一緒に食べて、と生活リズムがつくように意識しました。幸い、うちの子は寝つきも目覚めもよかったので助かりましたね。

保育園でも午前中に自由時間を設けたり、眠そうな子はお昼寝の時間を多めにしたりと、親の仕事の時間にある程度合わせながらも生活リズムが崩れないよう、細かく気を配ってくださいました。

そんな中、母が病気で亡くなりました。直前まで私が病院に泊まりこんで看護しましたから、夜間保育から認可外の24時間の保育園と、ダブル保育もしました。当時どうやって仕事と看護と育児を回していたのか。慌ただしすぎてよく覚えていないんです。

母の死で子どもの病気の時などに頼る先がなくなり、長時間の会社勤務ではどうにも無理で、一念発起して退職。菓子店を開きました。始めてみると、自営のほうがある程度自由はきくけれど、長時間労働に変わりはなかったのですが。

毎日、仕事を終わらせて、子どもが元気で一日が終わればいい。それしか考えられなかったですね。

小学校入学後は、学童保育があるので放課後の居場所は安心でしたが、子どもが学校に行きたがらなくなり、ランドセルを持って保育園の病児保育室の前をうろうろしているのを何度も看護師さんが見つけてくださって。

夜間保育園出身の女子が娘だけで、「何か自分だけ違う」と感じたうえに、一斉に一方通行で指示される小学校と保育園のギャップに戸惑ったのもあったと思います。

私も、あらためて夜間保育園で丸ごと「分かってもらえた」ことのありがたさを再発見しました。極端に言えばですが、「母親は家にいるべき」という先生もおられるわけです。

そんなことは山のようにあり、分かってもらうのはそれは大変です。私としても私たちの生き方を変えるつもりもない。かわいそうなのは子どもだけれど、「それもあなたの持って生まれた星だ」とあえて考えて、朝、学校まで一緒に行って校長先生に引き渡し、「学童へ帰ってきたら安心だから」と送り出しました。

でもね。うちの子は保育園で男女、年齢、障害の有無と、いろんな多様性の中で育ちましたから、とてもバリアフリーな人間なんです。障害を持ったお子さんとクラスの子の橋渡しになり、力を発揮できて、先生方の見る目が変わってきたところがありました。

私は子どもが大切です。人生の一大事には、仕事をほったらかしてでも絶対に子どもの側にいます。それははっきりしていて、実際、そんなことは何回もありました。でも、一大事以外は夜間保育園や学童保育を信頼して託しました。

何より、子どもがそこで楽しそうに、元気に育っているのを目の当たりにして「こちらのほうが大切なんだ。大丈夫だ」と実感できた。私に迷いがなくなったのが今から思えばよかったんじゃないかと思います。夜間保育園は私たちの原点です。

第3節　子どもが幸せなほうがいい。そのためには私が幸せでないと

市原　彩子さん

神奈川県平塚市。会社員（研究職。知的財産の管理担当）。子どもが7か月から卒園まで、平塚市のもんもん保育園に在園。子どもは今、小学5年生。同一社会福祉法人が運営する学童保育で午後10時まで過ごしている。

復職して10か月ほどで上司から係長職の試験を受けなさいと言われまして。職責が重くなる時期と育児が重なり、どんどん会社にいなければならない時間が増えました。

出産前は午後8時半ごろまで会社にいるのが普通。出産前から市役所などで条件の合う保育園をいろいろと調べました。

私は人口約3万人の小さな町の出身で、幼稚園が町に一つしかなかったので、保育園で育つのが当たり前だったのです。夜間保育も「そんなありがたいものがあるのか」と思ったぐらい。見学の時に園長先生とお話しして、ここなら安心と思いました。

子どもは今本当に健康に育っていますが、正規産ぎりぎりで早く生まれてしまったので、病院で

しばらく保育器に入って点滴につながれていて。お医者様から「成長が遅いかもしれません」と言われ、実際、寝がえりなども遅かったんです。

0歳から夜間保育を利用できたのですが、そんなこともあって最初は仕事を抑え気味にし、午後7時には迎えに来ていました。育児時間が1日1時間とれたので、車で片道約20分かけて毎日授乳に通いました。

実は、預けて1か月ぐらいに子どもが肺炎になったんですよ。髄膜炎かもしれないと言われて検査して。幸い髄膜炎ではなかったのですが、1週間ぐらい入院しました。

今だから笑って話せますけれど、この時は辛かったですね。保育園がどうのということではなくて、「まだ預けるのは早かったのか」「このまま辞めたほうがいいんだろうか」と、心が折れそうになりました。

でも、基本的には「働くことをやめる」という選択肢は自分の中にはないので。

男尊女卑が強い土地柄で育ちまして、大学進学の時も高校の進路指導から「地元の企業に就職してから嫁に行けばいい」と言われました。その中で、私は「憲法には勤労は義務と書いてある。働くのは当たり前なのに」と考えるような子どもだったものですから。

子どもが肺炎から回復して元気になったら、やはりまた保育園にお世話になることにしました。保育園に看護師さんがおられたので、お薬を持たせて飲ませていただきました。預けて1年あまりは体が弱くて心配しましたが、徐々に丈夫になり、2歳半を過ぎるとめきめきと健康になり、ほとんど風邪も引かない。「これなら大丈夫」と。

私も復職して1年半弱で係長職になりましたから、お迎えは午後8時が8時半に、9時になり、最終的には連日午後9時半になりました。子どもの離乳食が始まってからは、ずっと昼夜保育所でお食事を食べさせていただいていましたね。

私としては、なるべく9時にはお迎えに行こうと思っているんです。が、管理職になって一年ほどで当時の上司が退職し、今度は課長職になって。昼間は自分の仕事がほとんどできず、夜、部下を帰した後に片づけるという状況で、保育園時代の最後は、一人か二人残っているところへお迎えに行っていました。

でも、保育園から一度も「もう少し早く」という視線を感じたことはないんです。逆に園長先生から「少し遅くなってもいいから、コーヒーの一杯でも飲んで息抜きして来てもいいのよ」って言われたくらい。焦っている心が楽になりました。ありがたいですよね。

夫が同じ会社で家に車が一台しかないので、朝、子どもと夫と3人で車に乗り、保育園に子どもを預けて出社。夜、二人で迎えに来ていました。子どもは保育園でお夕食をいただいているので安心なのですが、親の分の夕食を作らないといけない。帰宅してから私が一人で夕食と入浴をしていると、もう生活が回らないです。なので夫が子どもをお風呂に入れ、私が夕食をつくって、夫が子どもを寝かしつけてから2人で夕食を食べる、という毎日でした。

私の勝手な考えなのですが、男の子なので父親に育ててもらったほうがいいだろうと。なるべく父親に世話をしてもらうようにしてましたね。子どももお父さんのほうになついているぐらいです。いくら忙しくても土日曜日は休めます。私はまとめて家事をして、父親が子どもを習い事に連れて行ったり公園で遊んだりしますが、「土日はお母さんは家にいる」というのが、息子の「当たり前」です。あとはなるべく、「家にいる時は一緒にごはんを食べる」というのも意識していますね。朝食は必ず三人で食べていました。保育園で誕生日の月に親が一緒に夕食を食べる「お誕生日夕食」という行事があるのがありがたかった。

「いつまで預けているの?」「9時までです」。「えーっ！　かわいそう」。そう言われます。子どもは保育園で2食、おいしいものを食べていて、小さいころから一緒の子たちと楽しく、時々けんかしながら遊んで待っている。夜遅くならないと出てこないおもちゃがあってそれを独占できたり。園長先生のいう「まったりした時間」を過ごしていて、迎えに行っても「あ、来たの?」ぐらいで。嫌々待っていれば、それは親にはわかります。

そういう時間を「かわいそう」と言われるのは結構心に刺さります。でも、「はあ、そうですね。かわいそうですね」と返しておきます。

子どもが幸せなほうがいいですし、私が幸せじゃないと子どもも幸せになれませんしね。

第４節　育児は親だけではできない――たくさんの人の助けを借りて――

松橋　美由紀さん
東京都中野区。病院勤務の助産師。第一子を1歳から、第二子を0歳から、ともに卒園まで新宿区のエイビイシイ保育園に預けた。同一社会福祉法人が運営する学童保育も利用。子どもは今中学3年生と小学4年生。

助産師なので日勤、準夜勤、深夜勤と3交代で夜間時間帯の勤務がありました。正職員として復職するなら、必ず夜勤帯の仕事があります。夫は飲食店勤務で夜が開店時間。二人とも近くに親や親せきなど頼れる預け先もありません。私も助産師としてまだ経験が浅い時期で、経験を積んで行きたかったし。妊娠中から夜間保育が必要と思って、探しました。

なかなかこれという保育園に巡り合えなかったころ。私が本を読むのが好きなので、図書館で何気なく本棚を見ていたら、ほんとにたまたまなのですが、先生（片野清美園長）が書かれた本が置いてあったんですよ。「え？　面白そう」と手に取ったのが、エイビイシイとの出会いでした。読んだら、園長先生の肝っ玉かあさんのような包容力のある人柄や、目の前の子どものために全力をつくす姿勢にとても惹かれて。早速連絡をとりました。そしたら快く「いつでも見においで」と。運命を感じましたね。

当時、エイビイシイは「未認可」でしたが、3回ぐらい見学する中で、「ほんとうに子どものことを考えて柔軟にみてくださる」と感じました。上の子が1歳になるまでは保育ママさんたちが開いている保育室に預けていたのですが、病院で夜勤のシフトに入るように命じられたこともあり、エイビイシイへの入園を決めました。

勤務は日勤（午前8時半～午後5時半）の後に深夜勤（午前零時半～午前8時半）があったり、準夜勤（午後4時～翌午前1時）の後に日勤があったりします。ですから、預けた当初はたとえば午前7時半に預けて、日付が変わってから主人が午前2時、3時に迎えに来る、ということをしていました。

子どもは朝から翌日の早朝まで、ずーっと保育園にいるわけです。私と会えるのは、翌日のお昼前でした。そしたらうちの子は、ボイコットをし始めまして。

預けて2か月たったくらいですかね。保育園の先生から「日中、全然遊ばないでずっとゴロゴロしています」と言われたんです。それがしばらく続いて。そしたら園長先生が「お母さんに長い時間会えないのがストレスなんじゃないか」と、預け方を提案してくださいました。

私も日勤と深夜勤の間に仮眠をとりたかったので、日勤の後、病院の仮眠室に泊まっていたのですが、日勤が終わってから一度帰ることにしました。

午前8時半に子どもを預け、午後6時、7時に私が迎えに行って家に連れ帰り、夕食を一緒に食べ、お風呂に入って、また深夜勤務のために保育園に連れてくる。で、日付が変わったころに主人が迎えに来るんです。私は翌日の午前中に帰宅し、その日は保育園に行かず、ずっと一緒にいましたね。園長先生のアドバイスは、子どもに「一度おうちに帰って、また保育園に来るんだ」という生活のけじめをはっきり分かるようにしたらどうかということで。「入口と出口も変えたほうがいいよ」と言ってくださり、保育園から連れて帰る時は普段使っている出入口を使い、次に夜間時間帯に登園する時は別の入口を使うようにしました。

準夜勤の日も、勤務が午後4時からだから午後3時ごろに登園していたのですが、そこも「日々のリズムが崩れるのはよくない」ということで、午前10時ごろには預けるようにしたのかな。その日は午前1時までの勤務だから、主人が迎えに行って、子どもが家に帰ったころに私が帰るわけです。休みの日と夜勤明けは、子どももずっと一緒にいようと心掛けていました。ほんとにどこへ行くのも一緒に連れて歩いたんですよ。

で、園長のアドバイス通りにしたら、子どもが元通りに元気になったんです。

そんなふうに、親の働き方に合わせながらも子どもの生活リズムを守り、親との時間もつくれるように、一人ひとりに合わせた保育をしてくださるんですよね。規則がないというか。「これしかできない」じゃなくて、ほんとに子どもの様子を見ながら、融通をきかせていただきました。だから、やっていけたと思います。でなければ、たぶん私は仕事を辞めなくてはいけなかった。二人目を産もうという気持ちになったのも、この保育園でしっかり見ていただけるという安心があったからです。ですから、エイビイシイが認可園になるために署名を集めたり、みんなで区役所に行ったり、出資金を出したりと、積極的にかかわりました。

私は、もともと育児は父母だけでやるものではなく、人の力を借りていろんな人の中で育つのが当たり前と思っています。助産師として産後の育児指導をすることもありますが、ほんとうに「お母さんが一人でやらなくてもいいよ。助けを借りていいのよ」と言える。夜間保育園で子どもを育てたことは、専門職としてもプラスになっていますね。

第5節　自ら行動し、深い信頼と感謝の気持ちを持つ親たち

どの保護者も共通して語っているけれど、文字数の関係で割愛せざるをえなかったことをまとめて紹介します。

認可の夜間保育所との出会いについて。保護者は行政や職場の同僚、友人知人などさまざまなところから積極的に情報を集め、認可外の園も含めて幅広く預け先を検討していました。見学に行き、

自分の目で確かめて入園を決断しています。入所にあたり、上申書や勤務時間表のコピーをつけた方や、「子どもが生まれて真っ先にしたのが入所の申し込み」という方もおられます。たまたま通える距離に夜間保育園がありましたが、電車や乗用車、自転車も利用しています。

夜間保育園のイメージは、「家」「第二の実家。私にとっても」「あったかい場所」など。「当たり前になじんだ場所なので特別に何を話したら」と表現する人もいました。

縦割り保育できょうだいのように育った。夜にほっとできるゆっくりとした時間が流れていた。親代わりのことをしてもらった。季節の行事やさまざまな体験をする機会をたくさん与えてもらった。保護者同士、保育士と保護者の結びつきが強かったなど、夜間に特徴的な保育内容、支援のありようをどの保護者も肯定的に受け止め、感謝の念を抱いていました。

夜間保育園で子どもが昼夜二食、安全でバランスがとれ、おいしい食事をとっていること、園によっては入浴、寝かしつけも担っていることが、親の安心とストレス軽減につながり、逆に短くても子どもとの時間を満喫し、楽しめるようになっています。「子どものほうがいい食生活をしているね」と言い合った、などそれぞれにエピソードがあります。

小学校入学については、どの保護者も環境の変化を最小限に抑え、入学後の生活がうまく回るように心を配っていました。同じ夜間保育園出身の子どもが多い小学校区に転居したり、仕事を変えたり。５歳から子どものお迎えを少しずつ早め、１年生の間は一人で過ごせるようにつきっきりで宿題や入浴などのしかたを教えた人もいます。

一番大変な、慌ただしかった時期のことは「あまり詳しく覚えていない」とみなさん言われます。特に、母親自身の心の痛みや葛藤や疲れについてはそうです。隠しているわけでも無理しているわけでもなくて、キーパーソンとして生活を回していくということは、そういうことなのだと思います。

社会的な視線の冷たさを感じないわけではないけれど、今、子どもが健康で幸せに育っている。そのことのほうがよほど大切だという、力強くて静かな決意。働き、働き続けることに対する矜持のようなものも、共通していました。どの人も、素敵でした。

こんどう・あやこ（フリーライター）

第6章 夜間保育園と夜間学童の卒園児の声

第1節 夜間保育園を卒園して1

——熊谷彩乃——

夜間保育とはいえ、昼間保育の子どもたちと同じように友だちとたくさん遊び、たくさんのことを経験しながら保育園での生活を楽しんだ4年間でした。友だちとままごと遊びをしたり、当時園庭にあったやぐらの中で歯医者さんごっこをしたりして遊んだ記憶があります。縦割り保育で異年齢間の交流が多くあったため、ごっこ遊びも幅の広がりを見せていたのではないかと思います。おかあさんごっこでは、月齢も高く仕切りたがりで、いつもお母さん役をしようとする私に友だちが不満を持ち、それを聞いた先生にお母さん役を順番にするようにと叱られたこともありました。

夕食後、先生と一対一で折り紙やあやとりをして遊ぶ時間が大好きでした。その日あったことをお喋りしながら、つくったものをほめてもらえるその時間が、寂しさなどを紛らわせてくれました。

先生にほめてもらいたくて、手裏剣やたくさんのパーツを組み合わせてつくる立体など難しいものにどんどん挑戦していきました。

午睡時や夜寝る子だった時、自分より小さい子どもにトントンをして寝かしつけることも好きでした。先生の姿を真似して子どもの隣で横向きに寝転がり、自分の頭を手で支えながらトントンしていました。トントンしていた子どもが寝入ってくれると、とてもうれしかったことを覚えています。このような年下の子どもの面倒を見る経験が、今の私に繋がっているのではないかと思っています。

私は今京都の大学で保育について学び、この4月からは京都市内の幼稚園で勤務することが決定しました。自分が幼いころから憧れてきた、『先生』という職につくことができ、とてもうれしく思っております。この職に憧れるきっかけとなったのは、どろんこ保育園での楽しかった生活や、年下の子どもとかかわる機会が多くあった環境が間違いなく関係していると思います。また、卒業論文では夜間保育をテーマにし、夜間保育を行う園がどのような工夫や取り組みを行っているか調査・考察をしています。このように振り返ってみると、どろんこ保育園での生活がいかに私の人生に影響しているかということを実感することができました。

4年間の園生活の中で、楽しくなかった思い出もあったかもしれませんが、それに勝るほど楽しかった思い出があります。これからも、社会の夜間保育に対する理解がますます深まり、夜間保育にかかわるすべての人が笑顔にあふれた生活になれることを願っています。

くまがえ・あやの（京都女子大学発達教育学部児童学科4回生・第2どろんこ夜間保育園卒園児）

第2節　夜間保育園を卒園して2

――中川祐輔――

私の家は自営業で、父母共にその店で朝早くから夜遅くまで働いていました。店を閉めて片づけ始めるころに、母が夜間の最終時間ギリギリに急いで迎えに来るというのが通例の家庭でした。数年前にたまたま見つけた、自分が保育園だった時のお帳面に「やかん」のマークが月に8割程カレンダーに埋まっているのを見つけた時は驚きました。

当時夜間保育を受け、お迎えが最後になってしまった私は、迎えに来た親と園長先生や保育士が話しているのを見て、子どもながらに「おかあさん、しかられているのかな？」と思っていたのを覚えています。しかしそれは実際に夜間保育で働き始め、実際に夜間での保育をする側に立つことで、「しかられていたのではない」と気づくことができたのです。いつしか私は、夜間保育園で働きたいと思うようになったのです。

園長先生に頼み込んで保育園で働かせて頂くようになってからの毎日は、自分の記憶が沸き起こるように懐かしさとうれしさの連続でした。もっと大きいと思っていた廊下やホール、職員室や園長室、変わらない給食の味。お昼の時間、十数年ぶりに給食のカレーライスを食べた時の感動は筆舌に尽くしがたいものでした。しかし何より私が保育園との繋がりを求め続けたのは、自分の忘れられない経験が保育のそれにあったからなのでしょう。忘れられない保育とは何なのか、私が得体の知れないそれを求め続けたのは何なのか。保育園で働かせて頂いて7年、少しだけそれに近づけたような気がします。

　夜間保育園にはさまざまな家庭環境の子たちが通っていました。かく言う私も通っていた時はほぼ毎日夜間保育を受けていたその一人です。しかし、連日夜間保育を受けることで、自分がかわいそうとか、親が忙しくて構ってもらえないとは不思議と思いませんでした。その時は夜間保育が好きでたまらなかったのでしょう。夜間保育での記憶はうっすらとしたものですが、確かに覚えています。皆で机を囲んだおやつ、夜間だから特別な遊び、美味しい晩ご飯、先生たちとの暖かい絵本の時間、その少しずつがぼんやりと、でも深く心に焼き付いています。私が働いている時も「家庭的」というテーマを保育の中心に据えて、それに沿った保育をされていました。自分が働いて初めてわかったことですが、悲劇のヒロインと思い違うことなく過ごせたのは、先生方が一丸となって夜間保育園での生活にストレスや寂しさを感じることのない接し方で子どもたちとかかわり続けてくださったからだったのです。もちろん保育をする側に立った時、自分も同じように子どもたちに接していたつもりです。

自分が保育園に求めていたもの、それは人と人との繋がりであり、子どもと親、子どもと保育者が心を通い合わせることができる世界だったのです。それをし続け子どもたちの幸せを常に願い、大人になった今でも温かく迎え入れてくださるそれが私の忘れられない保育なのです。そしてそれこそが園長先生の愛溢れる保育なのだろうとあらためて感じています。

「おかあさん、しかられているのかな?」――園長先生も保育士も迎えに来た母や親御さん方に、ただ「迎えが遅いから早く来るように」と〝しかって〟いたのではなかったのです。遅くまで働く親を労い、子どもの夜間での様子を伝え、週に一度でいいから早くお迎えに来てくれる日をつくってほしいとお願いしてくださっていたのでしょう。私のお帳面のカレンダーの2割に「やかん」のマークがなかったのは、今となっては確かめるのは少し難しくなってしまいましたが、たまには、「早くお迎えに行ってあげよう」という、母や夜間の先生方の思いやりだったのかもしれません。

夜間は親と子の繋がりを希薄にする場ではありません。親と子の繋がりをよりいっそう強固な物にし、周りの人たちがいる幸せを噛み締められる素晴らしい場であると私は学び重ねたつもりです。夜間保育を受けさせて頂いたことを誇りに思い、今は、保育士から仕事は変われども保育の素晴らしさや子育ての楽しさを今まで出会った方々、これから出会う方々と分かち合うことができればと思っています。

なかがわ・ゆうすけ（会社員・だん王保育園卒園生）

第3節　夜間保育園と夜間学童の卒園児の声

——安梅勅江・田中笑子・冨崎悦子・松本美佐子・杉田千尋——

夜間保育園や夜間学童を卒園した子どもたちに、保育園を卒業して、どんなことが役立ったか、どんな印象をもっているかを尋ねました。以下、回答いただいたそのままの口調でならべてみます。

1．小学校低学年

●対人関係

他の子と協力、友だちをたくさん作れた、赤ちゃんの面倒を見たこと、ひとりの子がいたら声をかけて遊んであげること、ずっと仲良しの友だちがいる、いろんな友だちと仲良くできた、友だちをかばった。

●保育園の活動

係の仕事、自分から発表できたこと、体操、掛け算、太鼓、お手伝い、なわとびが得意、プールで先生に教えてもらいうまくなってまた学校でもっとうまくなった、鉄棒、おいしかった給食のおかげで学校給食も好き嫌いなく食べている、ののさまやお釈迦様のお話をしてくれたこと、防災訓練センターで地震や火事や暴風の避難訓練をしたこと、絵を描くのが上手になった、絵が上手に描けた、折り紙が上手に折れたこと。

●勉強

英語の勉強、ひらがなを覚えたこと、数の単位を覚えたこと、ある字が書けるようになった。

●生活

正座ができること、やさしい心、お手伝いをする心が育った。

2. 小学校高学年

●対人関係

友だちと仲良くなること、たくさんの友だちができた、人との接し方、誰とでも自分から声をかけられるようになった、けんかをあまりしなくなった、友だちと学びあって分かり合うこと、みんなで楽しむこと、誰とでも友だちになれる、小さい子の世話ができる、今の学校にも同じ保育園から来た友だちがいた。

●保育園の活動

運動神経がよくなっていた、絵を描くきっかけができた、刺繍ができるようになった、先生たちの手伝いをしたこと、刺繍をしてクラブや縫物がうまくいった！　食のバランスについて、モンテッソーリ活動が日頃の生活に生かせた、アウトドアが少し好きになった、リーダーを頑張った、習字、水泳や跳び箱やスケートなどが人よりうまくできてほめられる、仏様の教えがとても役に立った、先生に怒られてがんばった、プール教室に行っていたから学校でもすぐに泳げるようになった、水泳を頑張るきっかけをつくれた。

●勉強

九九が役に立った、国の名前を覚えられた、年長くらいのお仕事が1年生の勉強に役立った、ひらがなをすぐ覚えることができた、世界地理など、字を書けるようになった、地図などの勉強をしていたから学校でとても分かりやすい！　保育園で国の旗を覚えていたから学校でも役に立った、国をパズルで覚えたので社会で生かせた、テストで百点がとれ先生の手伝いが進んでできた、いろいろな体験できてよかった（役に立った）、スムーズに学習ができる、1年の時字の覚え方が楽だった。

●生活

掃除が学校でちゃんとできることが役に立った、集中できる、礼儀が正しいと言ってくれる、マナーや礼儀など、仏様に自分からお参りすること、一度決めたことは粘り強くできる。

3. 中学生

●対人関係

障害者にやさしくなれた、人付き合いがしやすくなった、人と仲良くすること、友だちづくりがうまくなった、中学校で同じ園出身者がいて話しやすかった、小さい子と遊べる、人との付き合い方、いろんな友だちができた、ぜんぜん知らん同級生とたまたま一緒の保育園で仲良くなれた、友だちのつくり方が分かった、知らない友だちとすぐ仲良くなれた、友だちのつくり方を学べた→コミュニケーション力ＵＰ！　小学校での人見知りがあまりなかった、人と接することに慣れた。

●保育園の活動

三つあみができる、アルプス一万尺を今でもすごく覚えている、料理とか物をつくること、玄米ご飯・ひじき納豆いりこを食べたこと、ダンスを覚えるのが早かった、プールで遊んだ→水泳スクールに入った→水泳大大大好き！　必要な時に団体行動ができる、足が速くなった、鉄棒が上手になった、運動が好きになって得意になった。

●勉強

漢字を早く覚えられた、小学1年生の最初の内容をしていたから発表とかできた（算数の千の位までの足し算とか…）、ひらがなを逆向きにかかなくなった、ひらがななどがすぐに覚えられた。

●生活

好き嫌いの食べ物がなくなった、お箸が皆より上手に使えること、基本的な行動ができるようになった、社会のルールが身についた、礼儀作法（箸の持ち方、挨拶など）を先生方から教わり今の私生活に役立っている、おそうじや台拭き、譲り合いの精神、正座、お花の持ち方、大人との接し方、生活のマナー、明るくなれた、たくさんの知識を得ることができた。

●その他

思い出ができた、自分のやりたいことを見つけること。

4. 高校生

●対人関係

知り合いができた、人と協力すること、人への配慮・気遣いの仕方が身についたと思う、友だちができた、障害者への理解。

●保育園の活動

体力がついた、先生方の教育指導、どの年代でも平等に接せれる、体力がついたことです、お仕事、集団行動が身についたこと。

●勉強

文字を教えてくれたことが役に立った。

●生活

集中力、今でも健康体を保っている、心が豊かになった、自分が何が得意なのかを見つけることができた気がする、感性が豊かになったこと。

あんめ・ときえ（筑波大学医学医療系教授）
たなか・えみこ（筑波大学研究員）
とみさき・えつこ（上智大学総合人間科学部助教）
まつもと・みさこ（二葉乳児園職員）
すぎた・ちひろ（常総市立絹西小学校教諭）

座談会 1

「夜間保育園で働いて」

（出席者・発言順）
だん王保育園　矢巻　正幸
保育所あすなろ　保育所豊新聖愛園　宮崎　勝宣
小倉北ふれあい保育所（夜間部）　酒井　初恵
みのり園　椋田　美貴
保育所あすなろ　岡戸　淳子
司会　近藤　亜矢子

■保護者にどこまでより添えるか

矢巻　繁華街に近く、戦後の混乱期に子どもを社会の悪影響から守るために寺院を開放し、１９５６（昭和31）年に全国で初めて夜間保育園として認可されました。当時の園長の信ケ原良文は「夜間保育園はあったらあかんのや」と話していました。でも目の前に夜を一人で過ごす子どもがいる。守りたいという思いだったと思います。まず家庭を丸ごと受け止めて、「子どもを抱きしめて愛あふれる保育」というのが基本理念です。

宮崎　あすなろ、豊新で昼夜の長時間、宿泊も含めた深夜の保育が可能です。子どもは大きくなるにつれて「なぜここに来ないといけないの？」「家にいたほうがおもしろい」などという意見も出してきます。がまんするのではなく、「ここにいてよかった」と思える場所であってほしい。現場の保育士たちは親になり変わることはできない部分もあり、そこが現場の葛藤ですね。

酒井　昭和57年、北九州市でも夜間保育の必要性が生じ、市内で最も古く、80年の歴史がある当法人に白羽の矢が立ちました。園長の自宅を改装して始まり、その後、現施設の2階に移転。公設民営の「小倉北ふれあい保育所」となりました。設立当初、幼稚園教諭の経験しかない私には驚きの連続でした。

「なぜ夜も？」「大丈夫なのだろうか」という焦りの中で、安梅先生と出会い、浜松医科大で学びました。その結果、乳児について育児担当制に切り替え、保育内容もいやなことはいやと子どもが表明できる子どもの人権を尊重する保育に変えました。そうしたら、雰囲気が変わり、子どもが落ち着きました。

椋田　すべての子どもたちの安らかな育ちを保障するため、昭和59年に職員2名と4名の園児で昼間保育園に隣接して夜間保育園を開園しました。大乗仏教精神（浄土真宗）である、共に生き、共に育ち合う保育の実践に基づき、お互いに差異（ちがい）を認め合い、繋がり合い、育ち合える関係を大切に、養護と教育が一体となって、生活する力・人とかかわる力・学びの芽の育ちを理念としています。

近藤　長時間勤務の会社員や、夜勤、当直がある看護師などの専門職、夜が開店時間の自営業、深夜の接客業など、夜の保育を必要とする親の職種や家庭環境はさまざまです。現場ではそれにどう対応していますか。

酒井　ほとんどの夜間の子が、朝10時までには登園し、深夜零時までの延長が3人。夜間は午後7時以降ずっとお迎えがある。一日の中でできるだけ保育環境を変えないよう、朝から夜までずっと同じ部屋で過ごし、ごはんも食べる体制にしています。

矢巻　うちは午後10時まで。さらに延長が必要な家庭もあるでしょうし、現実、ベビーシッターの方がお迎えに来る家庭もあります。

宮崎　あすなろでは午前10時までの登園を勧め、昼間夜間の混合クラスで夕食前に「延長」と「夜間」

※基礎データ

みのり園：京都市南区。午後10時まで。昼間保育園との併設型。

だん王保育園：京都市左京区。午後10時まで。昼間保育園、学童保育との併設型。

保育所あすなろ：大阪市東淀川区。午前0時まで。昼間保育園、学童保育と併設。

保育所豊新聖愛園：大阪市東淀川区。24時間開所。宿泊も可。

小倉北ふれあい保育所（夜間部）：北九州市。午前零時まで。総合施設の2階にあるセンター型に子どもを分けます。豊新では午後登園を受け入れ、小学校就学前になると、朝からの登園を勧めます。宿泊が必要なのはヘルパーや交通機関など月単位で夜勤のシフトのある人ですね。

椋田　みのり園は、30名定員で35名在籍し、朝7時半から夜10時まで。登園から昼間保育園の１２３名と合同で、乳児クラスは育児担当制、幼児クラスは3・4・5歳の異年齢で保育しています。午後4時45分、ここからは夜間の子どもたちを0歳～5歳の異年齢で、ゆったりとした家庭的な保育をしています。

近藤　親支援をひとつのテーマにしたのですが、どこまで親を支えられるか線引きに苦労されることもあるのでは。

宮崎　「迎えに行けない」という時は、緊急で宿泊を受け入れますが、保護者が「酔ってしまって…」という場合があります。園の玄関に入ったところでほっと気が抜けて酔いつぶれる。ある意味で保護者にとっても「家」なんですよね。夜間の園では現実問題として、受け入れ範囲内なのですが、それがコンセンサスを得られるかというのはあります。

椋田　こんな状態で子どもを渡していいかと躊躇することはありますね。

矢巻　子育ても仕事も両方大切にしたい、そのせめぎ合いは保護者にすごくあると思います。「子どもを迎えに行かなあかんから」が通らない場合もある。

宮崎　夜間の場合、家庭環境から保護者の仕事の内容、時には体調や子どもとの関係まで、その家庭の24時間が視野に入ってきます。「このまま子どもを帰して、家でどう過ごすか」がみえてしまうわけです。それだけに、職員はしんどい。

酒井　特に管理職になると、保育士としての目線のほかに、ソーシャルワーカー的な働きが必要になることもありますね。卒園するまでに親子で生活リズムを昼型にしようとか、親の昼間の仕事を探すとか。「こんな資格が無料でとれますよ」「市に補助制度がありますよ」と情報を提供する。保護者にもう少しこうしてほしいというのがあっても、子どもの目の前では言わないです。子どもにとって親が親であることを大事にしたい。園長がよく「保育園は第二のお家だから」と言うんです。あくまでも親と過ごす家が第一で、夜間保育の役割は支援者。一番きついところを私たちが支えている。

矢巻　役所の支援施策だからではなく、子どもがいるからそこまで心配するんですよね。母親が病気で亡くなって、父子だけになったご家庭がありました。週2回「お弁当」の日がありますが、お父さんは作れない。そしたら園長が「園で作りますよ」と。半年ぐらいたった時、お父さんが「自分でやってみます」と言われて。最初はご飯と温めるハンバーグみたいな弁当でしたが、「すごーい」と一緒に喜んでいたら、徐々に玉子焼とかほうれん草とかが入るようになって。ただ「～してください」ではなく、どうしようもない時には園が支えるという関係が大事だと感じます。

椋田　仕事がハードな時やうまくいかない時など、「ちょっときいて～」みたいな感じで、保護者が保育士に話すことで、すっきりして帰ることもあります。

■支えるうえで大切なこと

近藤　家なんだけど家じゃない、親代わりなんだけど親じゃない夜間保育の立ち位置の中で、保護者を支えるうえで、大切にしていることは？

椋田　保育園で二食食べ、長時間預けることで園任せになると、子どもの成長過程に気づかないこともあるので、そこを保護者に伝える役割も保育園にはあると思います。昼間の先生より、朝からの園での生活の申し送りを受け継ぎ、時には写真を見せながらしっかりと伝えるようにしています。食事も入浴も済ませているので、ゆったりとした気持ちで迎えに来られるように思います。であっても、子どもは早いお迎えの時、本当にうれしそうな顔をします。それを伝え、早くお迎えに来られる日は、できるだけそうしてくださいね、とお願いします。あと、親同士での交流がしにくい部分も園や保育士がフォローできたらいいなと思います。

矢巻　うちの園にベテランの主任がおられて、昼間の保育をしているころは「保護者とおしゃべりばっかりしてるなぁ。こっちはバタバタしてるのに」って思っていました。でも、実際に自分が夜間を束ねる立場になった時、家庭の中身とか仕事のことをおしゃべりの中で情報収集できてたんやなぁって。ほんと失礼なこと思っていたなぁ（笑）。

（左から）酒井、宮崎、矢巻、近藤、椋田

酒井　市が建てた建物に入ったので、事務室に小さな窓しかなく、全面目隠しになっていた。これではコミュニケーションがとれないと、壁を取ってカウンターにしたんです。そこで親はいったん止まって、おしゃべりをして中に入る。主任・園長がウロウロして、親を受け止めます。それと、保育者は保護者に対して子どもの代弁者であると同時に、子どもに対して親の代弁者になるようにしています。「お母さんはお仕事を頑張ったけれど、どうしても間に合わないんだって」などと。特に夜間は、きちんと説明することで子どもは安定しますからね。

椋田　子どもにとって、あくまでも親が一番なんです。園だけが必死で頑張っても限界があります。保護者に対し、子どもの育ちの情報発信をして、「一緒に育てましょう」ということを大事にしています。

矢巻　信ケ原良文先生はそれを車の両輪という言い方で言われていました。

酒井　夜間保育では問題は一番最初に見えてくる。今、私たちが悩んでいることは、5年後10年後に昼間の保育所でも必ず問題になるでしょう。ある意味最先端といえる。

近藤　夜間時間帯は、昼間の集団保育と異なり、生活リズムをつけたり、子どもがほっとくつろげる場所にと意識されますね。

酒井　乳児は担当保育士が中心となり、その子のリズムや体調を把握し、成長に合わせて日課を組んでいきます。年長になればもちろん集団で活動しますが、「順番に食べ、順番に寝て、順番に起きる」ような感じです。夜間はどの部屋にも、子どもが疲れたらごろんと横になれる、ほっとできるスペースがあります。寝る場所や食べる椅子など固定したほうが子どもが安心する部分は決まりごとをきちんと決め、自分で選ぶ部分は最大限尊重する。園の生活リズムではなく、「この子のリズム」に合わせる。基本の生活が満たされていると、子どもは落ち着きます。

矢巻　うちの場合、午後5時に夜間の部屋に移動してくるのですが、今、夕食を食べる子が0、1歳で10人、2、3歳が10人、4、5歳は日によってばらつきがあり、学童が10人。集団として年齢差が激しいので、遊びが一つの部屋で成り立たない。大きな子はプレイルームに行ったりして過ごしていますが、できればもっと小さい子とかかわらせてやりたい。

宮崎　夜間保育児も基本的に昼間保育児と同じクラスで過ごし、午後6時以降は夕食を食べる子を集めて1歳児から学童までが在籍する「おうち保育」という手法をとっており、夕食後は季節や行事に関する遊びを一緒にしたり、それぞれがやりたいことをコーナー遊びでしたりして、ゆったりとした時間・空間を大切にしています。

椋田　夕食は、乳児は小さなグループで担当制をとっており、幼児は5歳児が年少児にご飯をよそってあげるなど、昼間と同じ形をとっています。食後は、0歳児から5歳児が一緒になって好きな遊びをしています。中には、家庭の事情で寂しい子もいます。昼間のクラスで荒れたり落ち着かない時もありますが、夜間では昼間の様子と違い、「みんな、もう赤ちゃん寝たし静かにしよう」とか、小さい子にやさしく世話をしている姿を見ると、その子にとって夜間があることで心が安定しているように思います。

■集団と個と

宮崎　夜は子どもたちがきょうだいのような関係で、密な人間関係がつくれるのですが、大きな集団の中で切磋琢磨する力を育てるのが難しい。以前、あすなろでは夜間のみで保育していたのですが、交流保育で昼間のクラスに来ると、夜にはしっかりリーダー役ができている子が、萎縮して声を出せない。これはあかんと、昼間のクラスと合同の保育に変えたんです。優しさは育つが、抜きん出る力が育ちにくいというのでしょうか。いろんな力を育てることに苦慮しています。

矢巻　小学校で地域に帰すというのが、難しい。その子がどういうふうに地域に受け入れられるか、うちでも職員の中で議論しました。

酒井　うーん。それは自己確立の問題で集団の大きさだけの問題ではないと思う。うちは各年齢が7、8人と小規模で、市に1つしかないから進学する小学校区もバラバラです。が、本園との交流保育では最初は萎縮していたけど、保育のやり方を変えてからは、しっかり自己主張できるようになっている。小規模で育ったからだめなんじゃなく、その子自身が園の中で主体的に動けるような環境があれば、成長して多少環境が変わっても、乗り越えられるのでは。

矢巻　その年齢に適した環境というのはありますが、保育環境だけじゃなく親との関係も含めてその子の支え方ですよね。園でしっかり生活できて、保護者もしっかり自分の考えをもっておられたら、大丈夫ですね。園の中で、人間関係がうまくいかないお母さんではやはりあちこちでトラブルが起こる。

岡戸　私たちが夜間保育を始めたころは、夜間に預かること自体がマイナーでしたから、外の荒波から守らなあかんと保育所の中で抱え込んでいた。小学校に送り出した時、不登校とかいじめとかに立ち向かう力を育てきれていなかったかなぁと。昼間保育がよくて夜間保育は必要悪というような保育者の想いが、子どもたちを萎縮させていたかもしれない。今、親の層も変わって、夜間保育を利用するのが社会的弱者だけじゃなくなった。その頃から夜間保育の質も保育システムも、大きく変わってきました。

矢巻　保育所があるから第2子第3子を産んだというのは多いですね。

宮崎　子育ての一番しんどい時に、8時間、10時間を保育所に任せる。そこで自分の仕事も、子育ても両立させる。親が賢くなっている。しんどい親が、子どもを棄てずに育てられるのも、保育所、特に夜間保育の功績は大ですよ。

■夜間の労働者として

酒井　たとえば、昼間の乳児部の延長の子が2人、夜間の子をあわせて10人くらいをみる時、運営的には保育士2人が望ましいですが、担当制だと3人は必要です。設立の時、市と園とで検討して、今の配置が可能になりましたが、交代で食事したりそれでもいろいろ工夫しました。

椋田　どこもそうなりますよね。それも併設で運営を一体化しているから可能なんですよ。これからの新制度で、もし分離したら無理になります。うちは昼と夜の保育士で保育していますが、夜間だけでは不可能です。国に対して不満はいっぱいあって、京都の場合、条例で職員配置も守られていますが、これだけ長時間開所していたら単立では絶対運営できません。勤務ローテーションも複雑でしんどい。そのしんどさを外に言って行けるのは私たちだけ。現場のしんどさをちゃんと出して行かないといけません。

近藤　夜間の保育士は夜間の労働者でもあります。その観点からは。

酒井　私は今でも自分の母に、「なんであなたは夜働くの」と言われます。夜間保育は誤解をされている。そこの発信力がないのが悔しいですね。北九州市は保育所連盟や保育士会活動が盛んで交流もありますが、他の地域の夜間保育所の絶対数が少ないから、働いている人たちは地域の保育の中で孤立感があります。他の園の情報をもっと知りたいという思いもってると経験交流会で感じます。

椋田　ナースやホテルマンなども夜勤があり、それが認知されています。夜間の園児も朝から普通に来ているので、「えっ、夜間10時までやってるの？」と。夜間の存在を、昼間の保護者も周囲の保育園にも知られていません。

酒井　ベビーホテルの問題があって、子どものために始まったのに、今また「夜まで働くことはどうなの」という方向に戻ってきている。そのうえ保育士でなくても預かれるようなことを、国が言い出す、私たちはもっとアピールしないといけません。

椋田　福祉労働全体に働き手がいない中で、夜間に働ける保育士は特に限られています。子育て中だとか、やりたくてもやれない状況があります。特に子どもの小学校入学は最大のネックです。

宮崎　豊新の場合、泊まり勤務があります。午後出勤して深夜2時までと、泊まりで仮眠しながら朝まで勤務する。毎日夜勤では無理があるので、シフト制ですが、集中的に夜勤を取る保育士を配置して無理がかからないようにしたり、複雑でね。

椋田　保護者は子育てを知っているベテランの先生がいると安心なのですけれどもねえ。

宮崎　本当はそうなんだけど。いないんですよ。新人・独身になる。

酒井　男性保育士で子ども2人いる人がいます。わが子の朝の送り出しやお迎えを自分がしたいから逆に夜間で働きたいと。ご両親が同居されているので、家庭のサポートがあれば子ども育てながら夜間勤務が可能になる。

椋田　一般的には、なかなかそこまでのサポートは望めないですね。

近藤　保護者が抱える悩みと、預かる保育士の側の悩みは、結局同じですよね。

矢巻　自分の子どもを保育園に預けて働いている保育士も多いですから、保育園の対応にかかってくる。

酒井　うちは主人が園長で、自分が主任。保護者に伝えたいことがあれば私が午前中から出勤する。フレックスにさせてもらえるのは、2人が同じ仕事をしているから。配偶者が会社員だったら、理解できないでしょう。家族の理解は大きいですね。

椋田　保育士の子どもにしたら、お迎えも行事もずっと父親とで、母親はいつも保育園にいますので、「自分より保育園の子どもが可愛いいんでしょう」と言われるのがしんどいというのがあります。もっと大きくなると理解してもらえるんでしょうけど。

近藤　保護者にもその葛藤は常にあるわけですが、保育士は人の子を預かるのが仕事なわけですから、よりしんどさが大きいかもしれませんね。

椋田　夜間の保育士にこそ、学童の夜間があるといいのですが。

宮崎　あすなろに預けて豊新で働いている職員がいる。夜間保育所で働く職員のためには夜間保育所がいる。当然ですが、保育所と自分以外にどれだけの支援者がいるか、これが働き続けられるかどうかのキーワードです。

酒井　保育は好きだけど、結婚したら、妊娠したらどうするか。一般企業より大変だと感じています。

北九州市にもあと1つ夜間保育所があれば、互いに預け合いできるんですが。

椋田　子どもが1人だけ残っている時でも、保育者は1人でいいというわけにはいきませんよね。昼間は事務系や給食など他にも人がいるけど、夜間は本当に1人になるから2人配置する。そうするとシフトはますます厳しくなります。

近藤　保護者は、保育士がどんな環境で働いているか知らないし、保育士も自分から保護者に向かって言うことはなかなかできないけれど、夜間の保育士を支える人がいないという現実がある。

■だから、続けられる

近藤　どんなに大変でもこれがあるから働けるという夜間保育の醍醐味は？

酒井　就職試験で「夜間をやりたい」という人が以前に比べて多くなっています。「大変な子どもがいるからそこで働きたい」と。子どもが変わるのを見ると保育士も変わる。子どもの姿が自分に返ってくる。そこに保育の醍醐味を見つけて、モチベーションを上げていく。そういう人は定着します。大変だけど結果がでると嬉しい。

宮崎　どんな親でも、子どもが卒園する時は「ここがあってよかった」と言われる。それを聞いた時やっててよかったと思う。その人を支えてきたという実感がある。

矢巻　やっぱり共感ですよね。親御さんと一緒に育ててきたという。僕自身は、間近に子どもの成長がみられるのが大きい。夜間では乳児から学童まで一緒に暮しているので、成長している実感がある。

椋田　醍醐味とまでは言えませんが、卒園児が親になって預けに来てくれるのはとっても嬉しい。信頼されているなと感じます。昼間だけではカバーできないいろいろな家庭事情があることもふまえて支えていける。園だけでは限界があり、保護者と一緒に「子育てしましょう」と訴えていく。それを大事にしたいですね。

（平成25年9月25日、京都リーガロイヤルホテルにて）

第Ⅱ部　夜間保育の役割を考える

第7章

熱情あふれるひがみものの集まりとして

——全国夜間保育園連盟30年の歩み

——枝本信一郎——

第1節　夜間保育園連盟創設のころ

１９８３（昭和58）年５月12日京都・だん王保育園で開催の全国夜間保育所研修会で全国夜間保育園連盟（以下「連盟」）設立が提案され、信ヶ原良文会長、天久薫副会長、金戸述事務局長の三役が選ばれます。１９８１（昭和56）年7月に児発第６３５号でモデル事業として夜間保育所制度が始まり、同年10月１日倉敷に「小ざくら夜間保育園」が誕生し2年目のことです。

この児発第６３５号は、ベビーホテル問題を受け急きょ発出されたため、保育時間が午後２時から午後10時。夜に働く保護者の実態とかけ離れ、目の前に夜に働く他ない保護者がいるのに、利用児の確保さえ困難なものです。成り立ちも保育の考え方も異なる園が、夜に働く保護者のうめきを聞き、その働きを支えねば子どもの「生きること」さえ守れないとの熱い思いで夜間保育を始めた園が集まり、連盟は創設されたのです。

各園では、日々の運営費にも事欠き、青息吐息の運営が続きます。そのうえ、「夜間の保育なんて、子どものためによくない」と保育界からの揶揄さえ聞こえる。連盟は、個々の夜間保育園の熱情とは裏腹に、「ひがみもの」の集まりとして出発したのです。

第２節　連盟の「前期」――１９９８（平成10）年前後のころまで――

1．全国夜間保育園経験交流研修会

連盟創立から2年目の１９８５（昭和60）年7月12日には、全国夜間保育園経験交流研修会（以下「経験交流研修会」）の第１回が大阪で開催されます。初期は大阪や京都での隔年でしたが、間もなく毎年になり、また近畿圏以外での開催も増え、今日では全国各地で持ち回り開催になっています。

この時期の経験交流研修会では、夜間保育の運営にかかわってその実情が非常に厳しいとの報告に終始し、夜間保育の実施にかかわっては現場での試行錯誤の報告もあるものの、「夜間保育では何が必要？」との疑問符を出し合うのが交流のほとんどでした。

たとえば園長や法人役員を中心とした第1分科会では、一つのテーマで意見交換する場面は少な

く、各園がそれぞれに自園の運営上の困難を語り、何とかならないかと悲鳴に近い発言が続きます。「語りたいこと」が山ほどありマイクを参加者に回すが、司会者の役割はただただ「発言はなるべく短めにお願いします」とくり返すだけ。ともかくすべての参加園に発言してもらうことを第一に、マイクが会場を一巡することを目指します。各園が提起する案件を「みんなで討議…」と思うこともありますが、多くの場合は集約を役員会に一任して先に進みます。当時、まだ夜間保育園の数も少なく、参加園数も多くて20数園前後と少なかったからできたのでしょうが、これが夜間保育園の結束を高め、後に述べる制度改革への大きな力となったように思います。

2. 連盟の「前期」を特徴づける『実態調査』

連盟創設に先立つ１９８３年2月には「全国夜間保育所実態調査」を実施していますから、「連盟」の歩みは設立時にはすでに始まっていたと言えます。１９９８年ごろまでの連盟の「前期」を特徴づけるのは、このくり返し実施された実態調査でした。

この調査は、後に信ヶ原良文先生亡き後の会長も兼務する金戸事務局長と、当時大阪市立大学の若手教員であった山縣先生に負うところが大きい。金戸事務局長が諸種の助成金を獲得し、山縣先生がその時々の課題に応じて実態調査するのです。

連盟創立以前にすでに最初の実態調査をし、さらにその年の12月には「夜間保育所に入所している子供の家族及びその生活調査（翌年7月報告書発刊）」を実施している事実を見るだけで、そのエネルギーの大きさがわかると思います。

3．夜間保育園制度の改善を求めて

当初の夜間保育制度は、保育時間が午後2時からの8時間と、夜間に働く保護者の実態とかけ離れ、前倒しして午前からの保育を実施するにしても、午後10時以降の保育を実施するにしても、自主事業として保護者に費用負担をお願いして実施することになります。が、夜に働く他ない保護者の多くは生活が苦しく、その費用の負担もままなりません。しかも、午前0時以降の保育を実施しようとすると、「日々保育する（児童福祉法39条）」に反すると、自治体から待ったがかかるありさまです。

こんな実情から、まずは保育時間の延長を可能にする制度の整備が課題となり、「実態調査」の成果をもとに、厚生省（当時）保育課との折衝を重ねます。

「折衝」も、ひがみものながら熱情あふれる人々ですから野武士風の気概があり、役員だけでなくそのとき時間の都合のついた会員も一緒に保育課を「訪問」します。しかも、時間外なら皆さんも自席で不在ではないだろうと、「我々は『夜間』保育園ですから…」と言いつつ午後6時過ぎに予約もなく押しかけるのですから、大いに迷惑だっただろうと思いますが、保育課長をはじめ保育課の皆さんが嫌な顔ひとつせず、必死の思いで語る連盟の面々の声を真摯に聞いてくれたことが印象的でした。

連盟創立の翌々年、１９８６（昭和61）年６月には児福発第24号通知で午前10時からの延長保育が可能になり、商店や食堂などに働く保護者の就労をカバーできるようになります。が、課題は山積。午前10時以前や午後10時以降の問題は解決されていないし、制度上もモデル事業のままで、夜間保育園はまだまだ日陰の身でした。

4．何とか夜間保育園も安定運営できるように…

１９９４（平成６）年８月に発児第１４２号により午前10時以前や午後10時以降の保育にも道が開かれますが、モデル事業のままだったからか、多くの自治体における夜間保育園軽視が続き、上記通知では夜間保育園は午前・午後の延長を別にカウントする話であったにもかかわらず、いくつかの自治体でこれが実施されませんでした。翌１９９５（平成７）年４月には、夜間保育園について午前10時以前の２時間延長（昼Ａ型）、４時間延長（昼Ｂ型）、６時間延長（昼Ｃ型）と、午後10時以降の２時間延長（夜Ａ型）を明確に区別する発児第１０７号通知が出され、さらに同年６月には児発第６４２号で夜間保育所制度が正式の制度となり、定員を31名以上とする道も開かれます。

これまでもあった午前10時からだけでなく、それ以前の朝方からの延長保育や、午後10時以降の延長保育が公的補助の対象になることで、夜間保育園も運営がかなり安定します。また、昼間の保育所でも定員30名の乳「幼」児保育所では運営が苦しいのですから、夜間保育園の定員30名には無理があります。その枠がはずされたことも大きく、この後いくつかの夜間保育園が45名以上に定員変更しますが、これにより運営がさらに安定したようです。

5.「ひがみものから」の脱出

午前0時以降の深夜保育が補助対象外になっている問題や、制度上の開所時間数が昼間保育所と異なる等の問題が残っていましたが、上に述べた１９９６（平成8）年から１９９７（平成9）年にかけての制度改定で、１９９８年ごろには夜間保育園運営に四六時中悩まされることはなくなりました。

なお、深夜保育については、１９９８年5月の発児94号通知により昼・夜の両方で6時間延長が認められ、２０００（平成12）年にはこれが7時間となって実質的に24時間の保育もできるようになります。さらに、同年3月の児発第２９８号により夜間保育所の開所時間が午前11時からの11時間になり、合わせて夜間保育園には夜間加算分の保育単価がつけられ、ほぼ現行制度が完成されます。

第3節　全国夜間保育園連盟の「後期」―1998年以降―

1．後期を特徴づける「夜間保育の内容に関わっての研究調査や会員相互の議論」

夜間保育園の運営が安定するにつれ、連盟のまなざしは夜間保育園としての保育内容やその社会的な役割意識に向かいます。

現筑波大学大学院教授安梅勅江氏と連携しての夜間に及ぶ保育の内容に関する追跡的研究調査を開始するとともに、連盟各園が夜間保育の保育内容やその社会的役割について経験交流研修会などで活発に議論するようになります。

この経験交流研修会などでの活発な議論については、後期をさらにその前半と後半に分けることができるのですが、これについては後で述べることにします。

2．神話崩壊

1998年には、安梅勅江氏を代表研究者としたグループによる「夜間保育所の子供への影響及び今後の課題に関する研究調査」事業が連盟事業として開始されます。前期のさまざまな制度整備により夜間保育園の運営に一息つけ、ようやく夜間保育の内容やあり方を考える余裕ができ、まずは、一部の人々が言う「夜間保育は子どもの成長発達に悪影響がある」との議論が真実か否か、実証的に明らかにしようとなったのです。

２０００年1月「夜間保育所の子供への影響及び今後の課題に関する報告書」が刊行され、大きな反響をよびます。「夜間に及ぶ保育が子どもの成長発達に悪影響を及ぼすことはない」と明言されていたからです。これは全国紙各紙でも大きく取り上げられ、ある新聞は「神話崩壊」の大見出しをつけて報じました。

夜間保育園にかかわる人々に、「夜間保育は子どもに悪影響」との声に十分に反論できていない負い目が、小さなトゲのようにありました。「夜間保育は本当に子どもに悪影響を与えることはないのか?」との一抹の不安が残っていたのですが、これが一挙に払拭されることになったのです。

3. 保育内容にかかわる追跡的な研究調査事業の継続実施

この研究調査の事業は、この後、さまざまな課題をもちながらも継続的追跡的研究として、10年間は連盟の公式事業として続けられ、その後は連盟各園も参加する自主事業として今日も継続されています。

実は、先の研究では、夜間に及ぶ保育が子どもの成長発達に悪影響を及ぼすことはないと明言されますが、他方、夜間の子どもは昼間の子どもに比べやや高い発達上のリスクをもつが、それは夜間の保育の結果というより、その子が育つ育児環境に起因するところが大きい。夜間保育園の質の高い保育がこれらの子どもの育ちを下支えしている、との指摘がされていたのです。夜間保育園の保育の質の向上が課題であるとの共通認識となり、保育内容にかかわる追跡的な研究調査が継続的に実施されることになったのです。

一人ひとりの園児について毎年、一般発達検査や社会対人技術評価のシートでチェックし、保護者に対し育児環境評価のアンケートを実施するなど、現場の保育士の負担は大きかったと思います。しかも、現場の保育士は、慣れ親しんできたハウツー的な具体的手だてを求めているのに、安梅グループの研究は自分たちの保育を自分たちで検証し向上させるためのツールの開発という、保育界ではほとんど馴染みのないものでした。このため、特に初期は自分たちが思う形の成果が見えないため、なぜこのように苦労して毎年の園児データ収集を行っているのか理解できず、徒労感が高まっていったようです。

このことは園長らがそうであっただけでなく、連盟役員でさえなかなか受け止められませんでした。しかし、それがともかくも連盟の公式事業として10年間も続いたのだから驚異という他ありません。あの熱情に押されて勢いで乗り越えたのが実態に近いと思います。

この継続的追跡的な研究調査の成果は、第1部6章で述べられるので詳述しませんが、この調査研究を続けることで連盟各園が自分らの夜間に及ぶ保育に自信をもち、連盟としても夜間保育や夜間保育園の社会的意義や役割を自信をもって語れるようになったと思います。

4．倉敷宣言

近年、経験交流研修会は、毎年度、全国各地で持ち回り開催されています。保育士の分科会では、このころから「徹底討論」が言われ始め、夜間保育のあり方についてそれぞれの園の立場から議論が深められます。他方、その時々の連盟の姿を反映してきた第1分科会での論議からみると、この後期は、さらに、以下に大きく二分されます。

①夜間保育園は親の（多様な形の）就労と子どもの育ちを同時に支援している機関なのだとの自信を土台に、被虐待児の支援を含む社会的養護に近接した領域も視野においた（主に自園保護者を対象とした）子育て支援の必要を提起していく前半期

②幼保一元化の流れを受け、開園時間帯だけでも幼稚園と根本的に異なる夜間保育園として、夜間保育の実践で大切にしてきたものは何かを明らかにしようとする後半期

前半期の議論は、２００２（平成14）年2月に夜間保育制度20年を記念し倉敷で開催された第14回経験交流研修会で採択された「倉敷宣言」、さらに、２００８（平成20）年11月に大阪で開催された第21回経験交流研修会における「大阪宣言」として結実します。（巻末資料参照）

夜間保育園の子育て支援機能充実の必要は、前期から折々に取りざたされてきました。夜間保育

園では子育て相談が子育て相談の範疇にとどまらず、サラ金問題や離婚問題、就労にかかわる問題など親子の生活全体の相談になり、園長・主任は日々これに忙殺される現実があったからです。が、当時は各園にとって夜間保育園運営の安定化が切実な課題で、議論としては深まりませんでした。

それが後期に至り、夜間保育園の運営が安定化し夜間保育の実施に自信を深めるとともに、夜間保育園の役割やそこでの子育て支援の意義が議論され、倉敷宣言では、「被虐待児への対応も積極的に推進するべく、この20年間の夜間保育で蓄積したノウハウを活用する決意が確認された」として、子育て相談事業の展開や児童相談所等との連携強化とともに、「ニーズの多様化に弾力的対応可能な夜間保育所の特長を活用し『虐待の予防』の機能の充実」を提起します。

また大阪宣言では、「子どもの命を守ることを第一に考えて保育に取り組んできた夜間保育園は、保護者の就労を支える役割を果たすだけでなく、要保護に陥る寸前の準要保護児童を保育し、一人親家庭の支援も含めて家庭崩壊を未然に防止し、ギリギリのところで親子ともども支えてきた」とし、「社会的養護の前段階にある子どもや保護者、双方の支援を一体的に提供することがこれからの夜間保育園の役割であると考え」たとして、夜間保育園の増設を阻害している特段の親支援に専従できる専門職員の配置や、夜間保育園への児童家庭支援センターの併設、保育ソーシャルワークの役割を担う「保育福祉士（仮称）」の配置を提起しています。

5．後半期の論議の焦点としての「夜間保育の肝は何か」

倉敷宣言が出された翌年、２００３（平成15）年11月に滋賀県守山市で経験交流研修会が開催されたころから、子ども園制度をはじめ、すべての子どもを対象とした新しい子育て支援制度のあり方や、それに対応する保育所制度の抜本的な改定が論議され始め、これを受けて「夜間保育の肝は何か」が経験交流研修会での論議の焦点になります。開園時間帯の相違から幼稚園との一体化をほとんどイメージできない夜間保育園としては、これまで20余年の実践で培い、それ故にこそ今後とも必要とされるであろう「夜間保育の肝」を言葉化することが求められるとの自覚があったからです。

その意味では先に述べた大阪宣言は、ここでの論議の中間総括的な意味ももっていました。これまで夜間保育園が取り組んできた特異な親支援の実践を踏まえ、保護者の就労の支援に加えて、社会的養護の前段階にある子どもや保護者双方の支援を一体的に提供することもこれからの夜間保育園の役割であると考えたのです。さらに、大阪宣言のころから、夜間保育の保育内容についても「夜間保育の肝」は何かが議論され始め、特に宣言以降の経験交流研修会ではこの議論が集中します。

6．「夜間保育の肝」とは

この「夜間保育の肝」に関する論議は経験交流研修会等で今後とも続けられるでしょうが、倉敷宣言・大阪宣言ですでに公にされている点を除くと、現在の時点では連盟30年のあゆみの成果として、以下の点に要約できます。

・夜間保育の対象児は、週の大半（週3日以上）園で夕食を食べる子どもおよび平均して週1日以上の割合で午後10時を超える保育を利用する子どもと考えます。これらの子どもとその保護者は他の場合に比べて急に負担が増えるためか、子どもの保育においても保護者の支援においても、特段の配慮が必要になることを実感してきたからです。

・保護者の就労時間が仮に夕方以降に始まるとしても、少なくとも1歳以上児については太陽の下で仲間と育つ時間が保障される必要があり、3歳以上児は午前中からの保育が必要で、特に5歳児は就学準備も含めて小学校に準じた時間帯からの保育が必要です。すべての子どもは本源的に太陽の下で育つ権利を有し、特に3歳以上児は仲間遊びの必要量が増え、また小学校教育との連続性に配慮する必要があるからです。

・夕給食の充実と、夕給食後の時間帯に子どもに深い安心を与えられる保育が必要です。夜間保育利用児とその保護者は社会的には少数者ですから、特に夕食からその後の一般家庭における団欒の時間帯に預けられ・預けることになにがしかの負い目を感じており、この負い目の意識が子育ち・子育てを歪めてしまうことが少なくないので一般家庭の団欒に相当する保育が求められるからです。

・園で眠る子にかかわって、少なくとも入眠時に深い安心の中で眠りにつけるようゆとりのある体制が必要です。年に数回程度園で寝る場合には子どもにとって冒険でありワクワクするのですが、恒常的に園で眠る場合は子どもの不安が大きく、眠りの保障を困難にするからです。

・深夜保育の実施にかかわっては、眠りの途中で目覚めた子がその時いつでも大人がいることを感じて安心し、再び眠りにつくことができる体制を確保し、あわせて、仕事が終わってホッとしているお迎えの保護者から雑談的に子育てや生活の悩みを聞ける体制が必要です。深夜保育の利用児やその保護者はさまざまな背景事情で大きな不安や悩みがある場合が少なくなく生活も不規則になりがちなため、子どもの眠りが浅くなる傾向があることからも一旦目覚めても再び安心して眠れる体制を作る必要があり、また、ゆったりとした雰囲気のもとで保護者の悩みを聞く必要があるからです。

・親子参加行事や親の会など親同士が知り合う機会を意図的につくる必要があります。夜間保育利用者は社会的に少数者であるだけに子育て仲間が特に必要ですが、夜間保育園では登降園時刻がバラバラで保護者同士が顔を合わせる機会が少ないからです。

・少なくとも小学6年生まで保障できる夜間の学童保育が必要です。実際、少なくとも夜間の時間帯は自主事業として、すでに多くの夜間保育園が学童保育を実施していますが、保護者の負担が大きい問題があります。公的制度として夜間学童保育制度がつくられることは、夜間保育園卒園後の親子の生活の保障として必要です。

第4節　熱情あふれるひがみものの集まりから出発して

1.「熱情あふれるひがみものの集まりから」のタイトルでよかったのか

連盟前半のころ、夜間保育園の運営は赤字かよくてプラスマイナス0。夜間保育園の箇所数もなかなか増えない。夜間保育園側がいかに努力しても分厚い制度の壁に跳ね返される。そんな状況の中で漂った無力感と、それでもなお夜間に働く保護者らを守るのは我々しかいないとの悲壮感がないまぜになった、雰囲気を表現できる言葉が見つからないまま、「ひがみもの」との表現を採用することにしました。普通の表現で言えば、「ひがみもの」が「熱情あふれる」ことはないと思います。むしろ矛盾する心象風景に思えるのですが、このような矛盾した心象をもちながら、しかもさまざまな成り立ちの経過をもち、保育に対する考え方さえそれぞれ相当に異なる人々が、「夜間保育」の一語だけで集まったのが、連盟であったように思うのです。

2.「熱情あふれるひがみもの」であったからこそ

今から考えると、「熱情あふれるひがみもの」であったからこそ、その時々に見えてきた課題に全力で取り組むことができ、夜間保育のもつ社会的役割とその必要性を普遍的な事柄として人々に語れるようになったのだと思います。

子ども子育て支援新制度の基本指針（案）の第二「教育・保育を提供する体制の確保及び地域子ども・子育て支援事業の実施に関する基本的事項」の一「教育・保育を提供する体制の確保及び地域子ども・子育て支援事業の実施に関する基本的考え方」において、「市町村は、障害児、社会的養護が必要な子ども、貧困状態にある子ども、夜間の保育が必要な子ども等特別な支援が必要な子どもが円滑に教育・保育等を利用できるようにするために必要な配慮を行うとともに、市町村、都道府県及び国は、必要な支援を行うことが求められる」とされています（傍線部筆者）。

社会的な養護が必要な子どもや貧困状態にある子どもに並べて夜間の保育が必要な子どもが列挙されたのは、連盟によるこの間の提起が社会的に受け入れられたことを意味するといっても過言ではないと思うのです。

夜間の保育を必要とする子どもやその親が少数者である以上、これらに寄り添い夜間の保育を提供するものも少数者でしかありえません。その意味では、我々はこの後も「ひがみもの」であり続けるのかもしれません。

えだもと・しんいちろう（保育所あすなろ理事長・全国夜間保育園連盟副会長）

コラム3

ベビーホテルと夜間保育の想い出

（堂本暁子）

あっぱれ夜間保育園連盟の30年

夜間保育の仕事は決してやさしい仕事ではありません。強い信念と情熱をもっていなければできない仕事だと思います。ベビーホテル・キャンペーン当時に使命感と決断をもって夜間保育園を始められた園長さんたちが、夜間保育園連盟の核となってこの30年を走り抜けてこられたことに、心から敬意を表します。それぞれの夜間保育園から巣立っていった子どもたちと一緒に「ありがとうございました。あっぱれです！」と声高らかに申し上げます。

投書をきっかけに始めたベビーホテル取材

ベビーホテルの取材を始めたのは、23歳の主婦から寄せられた「最近、ベビーホテルがブームだそうですが、「テレポートＴＢＳ６」でレポートしてください」という一枚の投書がきっかけでした。

軽い気持ちで訪れた東京渋谷区のベビーホテルはマンションの5階。部屋はきれいでも、子どもたちがおどおどしていて、何か不自然なのです。生まれて間もない赤ちゃんが力なく泣き続けているので、「何時からこのホテルにいるのですか」と聞くと「この子は生まれた病院から直接きたんですよ」と着飾った女性経営者は答えます。「ここはなにか怪しい。子どもを預かるべきところじゃない」というのが私の直感でした。今から33年前の１９８０（昭和55）年3月のことです。全国各地で取材したベビーホテルは、元ダンスホールだったり、アパートの一室だったり、千差万別でしたが、劣悪な実態は共通していました。しかも対象が、みずから訴える術をもたない乳幼児であるため、食事の内容、虐待の実態などについて親でさえ気がつかず、行政も無関心でした。

ベビーホテルが「ご旅行の折になど、いつでも気軽にお子さんをお預けください」といった調子で呼びかけていたので、厚生省（当時）は遊びやお稽古事の折などに預けるところ、と受けとめていたようです。

そこで私たちは実態調査を行いました。結果は厚生省の予測に反して、お母さんたちがベビーホテルを利用する目的は90・２％が仕事のためでした。子どもを預かる時間を調べてみると、昼型、夜型、泊まり型、長期滞在型などがあり、ベビーホテルの本質は夜間保育にありました。

ベビーホテルが乱立した1975(昭和50)年ごろは女性の労働時間が長期化、多様化した時期で保育の需要が急増しましたが、認可保育所は数のうえでも保育時間の柔軟性からいってもその状況に対応しておらず、母親たちは入所を希望しても半数の人が入所できませんでした。そこで法的規制がない、許可も認可もいらないベビーホテルが乱立し、トラック運転手、キャバレー経営者、サラ金業者……と保育士資格のない人たちが園長先生に転職・変身したのです。ベビーホテルの利用者の三分の一は夜間の利用者で、理由は全員「仕事のため」でした。職業は夜間の飲食店などの仕事が63・1%、会社・公務員が3・6%で、昼間の場合は母子家庭が5・2%だったのに対し、夜は38・1%と圧倒的に多く、ほとんどが自分で働かなければならない母親たちでした。

ベビーホテルでも20時頃になると子どもたちにふとんを敷いて寝かせるのですが、4歳になるかならないかの幼い女の子は、どんなに遅くなっても、お母さんがお迎えに来るまで、袋を握りしめ、眠さに耐え、ピアノに寄りかかって待っていました。

1981年に夜間保育園スタート

こうした状況の中で、夜間保育に反対してきた厚生省が1981(昭和56)年に午後2時から夜10時までの夜間保育を認めたのは画期的なことでした。そこで、ただちに夜間保育を始めたのは8つの保育園で、それぞれの園長さんの勇気に感動しました。

20年経った2001(平成13)年は45か所、そして2012年は78か所と、決して多くはありません。なのにベビーホテルは1566か所。保育をめぐる環境は著しく変容し、国の保育政策も次々と規制が緩和され、こども園が登場するなど激変しています。そうした中で夜間保育園が子どもの心身の発達を守るために日々努力しておられることに心打たれます。

私が、30年前に取材した0歳から4~5歳の子どもたちは、今では30代半ばになり、それぞれ社会のなかで一生懸命暮らしているに違いありません。一人ひとりを訪ね歩き、大人になった姿を見たい、会いたい、と心底思いますが、叶わない願いです。

(どうもと・あきこ　前千葉県知事)

コラム4

永遠の導師信ヶ原良文会長を偲びつつ、全国夜間保育園連盟誕生の日を回想して

（金戸　述）

故信ヶ原良文先生にはじめてお目にかかったのは、ベビーホテル問題が社会問題となる二、三年前のことだった。

既に二十年余の夜間保育の実践に奮闘しておられる先生にご教示を、と伺ったのである。ところが、開口一番「いやぁ、実は、もうやめようかと思うてますんや。京都市にどこか代わってくれる保育所ないか、と……」

朝早くから深夜に至るまでの児童館事業も含め長時間保育の毎日は、寺院を拠点としての職住一致の家族全員一丸の献身の連続あってこその夜間保育に深く感銘するとともに、いやこれは安易に取り組めるものではない、と引き下がった次第。ところが、まもなく所謂ベビーホテル問題が発生する。夜間保育所は国会で満場一致の決議で誕生、テレビは生々しく「闇に漂う子どもたち」の悲惨な状況を報道、番組のディレクター堂本暁子氏は涙流しつつ保育関係者に訴える等に接し、これは逃げるわけには行けないと応じたのであるが昭和五十七年に発足した『夜間保育所』は、全国でだん王を含めてわずか八ヶ所。

故信ヶ原良文先生を師と仰ぐ、新規開園の面々が京都三条を訪れる。心細さが連帯を促す。不肖私が音頭取りをさせていただいて、山縣文治（現・関西大学教授）氏のご指導で実施した『夜間保育所実態調査』（第一回）をテキストに研修会を開催。場所は当然のように夜間保育所のメッカであるだん王法林寺。そこで全員一致で連帯団結を決議、全国夜間保育園連盟を結成した。昭和五十八年五月十二日である。

初代会長は、むろん故信ヶ原良文先生。爾来先生は、ご逝去まで終身会長を務めていただいた。なんの役得もない、むしろしばしばご寄付を賜り、老躯を押してのご献身いただき全国夜間保育園連盟会員の児童福祉に寄せる理念と情熱のシンボルであった先生。だん王は、夜間保育園の永遠のシンボル。

全国夜間保育園連盟三十周年を吉祥に更なる発展

を。

合掌。

（全国夜間保育園連盟元会長　金戸　述）

事務局註　金戸先生は、現在体調を崩され静養中です。原稿をお願いしましたところ、「だん王保育園50周年」に寄せられた原稿にご自身の思いを余すところなく書いているのでとのことで、記念誌文章を再校正し転載させていただきました。

《夜間保育のニーズに答えよ》昭和63年夜間保育園研修会資料より

昭和五十六年度に新しい国の保育制度が施行され、「夜間保育所」が誕生したが、当初２００箇所を目標といわれた夜間保育所の開設は遅々としてすすまなかった。連盟では、各地の夜間保育の実態調査を行い、国に対して施策の改善を要求していくことにし、この実態調査は、回を重ねるごとにだんだん施設が増え、国及び地方自治体の長時間保育や夜間保育の重要な資料となり、少しずつではありましたが、改善の手がうたれるようになった。

昭和六十三年（一九八八）十一月中央児童福祉審議会が「今後の保育対策の推進について」の意見具申をおこなった。（抜粋）《延長保育や夜間保育は、ベビーホテル対策の一環として大都市及びその周辺部を対象に昭和五十六年度に制度化されたが、今日婦人就労の増大や就労形態の多様化に伴い保育時間の延長に対するニーズが全国的に拡大、増加してきているため、現行制度ではこれらのニーズに応じ切れていない。このため現行制度を再検討し、市町村や保育所がそれぞれの地域の特性に応じて弾力的に実施できるよう仕組みを改め夜間保育の充実を図る必要がある。なお、夜間保育は昭和五十六年依頼モデル事業としてきたところであるが、このモデル事業の実践を踏まえ、夜間に及ぶ長時間保育が乳幼児の心身発達に及ぼす影響等を学問的に究明し、保育体制も含めた今後の夜間保育のあり方について再検討すべきである》

平成7年（１９９５）当初２００か所を目標といわれていた夜間保育所は40箇所足らずで、その開設は一向に進まず、国はベビーホテル対策の一環として延長保育対策を実施しました。

第8章 全国夜間保育園連盟設立以前の夜間保育

――信ヶ原千恵子――

第1節 「子供の家」開設

終戦直後、長い静かな歴史をもつ檀王法林寺の境内は、米軍兵士や、いかがわしい職業に携わる人々のたまり場になっていて、子どもたちに与える影響は、計り知れないものがあり、親たちの心配は深くなるばかりでした。そのころ、この寺には開設したばかりの「青年の家」と「青少年相談所」があって、敗戦後の新しい時代を開いていく青年のために、民主主義講座や青少年団体の指導者の育成などを行っていたので、「青少年の家」幹部諸君をまじえて、この問題をどう処理するか協議を重ねました。結局、地域住民がみんなで協力して、子どものための健全な組織と、楽しい生活指導の場をつくろうということになり、寺を全面的に開放して「子供の家」を開設することになりました。

１９４７（昭和22）年の夏休み、ようやく「子どもはみんな、だん王へいらっしゃい」という呼びかけが行われました。学校と各家庭に協力を求め、まず「子ども文庫」をつくることになりました。本棚は地域の大工さんや指物師さんが力を貸してつくってくれましたし、本は各家庭から寄贈してもらったり、寄付金で買い求めてそろえました。子どもが楽しく遊べるよう手製の遊具をつくったり、紙芝居やボールなどを用意しました。

集まってきた子どもは約１００人、その顔ぶれを見ると、学童組と幼児組に分けなければいけないことがわかりました。学童組の指導は、おもに「青年の家」の学生が奉仕でやってくれましたし、40人ほどの幼児組のほうは、女子会員や、手のすいているお母さんが手伝ってくれました。

第2節　だん王保育園の誕生

１９５０（昭和25）年の保育園の誕生は、地域住民にとっても大きな喜びでした。ことに、住民の願いで保育時間が午前7時から午後6時までと定められたことが、喜びをいっそう大きくしました。そのため、必要な保母を一名増員する費用も分担することになりましたが、「青年の家」の会員がボランティアとして協力してくれ「子供の家」の活動と相まって、寺が地域の児童福祉センターとしての機能をもつことになりました。

しかし、経営の面では思いがけない苦しみを味わわなければなりませんでした。当時の記録を見ると、定員60人の措置費は月に2万8700円で、これが園長、保母、調理師、作業員などの人件費（当時、保母の給料は2500円でした）と、毎日の教材費、給食費、通信光熱水費の総額でした。当時の園長であった夫と主任保母であった私は無給で教材費を補い、経営費のやりくりをしなければなりませんでした。

開園の翌年には、子どもの福祉と教育を守るために「保護者の会」が結成され、それ以来、保護者と一体となって保育をすすめていくことができるようになり、保育園はだんだん充実し、発展してきました。

第3節　長時間保育の要望

同じ年に起こった朝鮮戦争は、平和を取り戻した日本に新たな不安を引き起こし、戦争が苛烈になるにしたがって、国民の生活にも深刻な影響がでてきました。そして、戦争で金儲けをしていた一部の軍需産業の特需景気に引き比べて、国民の大多数の生活は困窮し、各地に労働争議が相次いで起こりました。ことに、京都のように西陣や清水などの伝統産業や零細な中小企業の多いところでは、夫の収入だけでは生活ができないので、妻もどんどん働きにでました。内職や残業労働はあたりまえのようになっていました。とりわけ母子家庭の場合は、労働条件のよくない職場で長時間働かなければ生活できない人が増えてきました。こういう家庭の一番の悩みは子どもの問題でした。

ところが、１９４７（昭和22）年に成立した「児童福祉法」では、保育園の保育時間は午前8時から午後4時ごろまでの8時間になっていました。朝の8時や夕方の4時というのは、勤めていらっしゃるお母さんたちにとっては送り迎えが難しい時刻です。そこで、私どもは60人ほどの子どもさ

みんないっしょでたのしいね

そうめんが流れていくよ、おもしろいね

お星さまに願いを。晴れてよかった！

んをお預かりしていた開園当時より、朝7時から夕方6時までの保育をしていました。当園のように、午後6時までという施設がなかったので、周辺住民だけでなく、広く全市から入園の希望が持ち込まれました。しかし、夕方の6時まででも困っているお母さんや子どもがいることに気づかされたのです。中には、夜9時ごろまで保育してほしいという声まで出てきました。それは、夜遅くまでの用事があるが、どこにも子どもを預けられるところがなく、仕方がなく、赤ちゃんを家の柱にくくりつけて、もちろん縛りつけるわけではありません、動き回れるように長い紐をつけて柱にくくりつけて出かけて行ったお母さんのお話です。お母さんが用事を済ませて家に帰った時、その赤ちゃんはおむつから漏れて床に広がっていたおしっこの中に顔を浸しながら、泣き疲れて寝入っていたというのです。

１９５２（昭和27）年12月、何とかしてこの子どもたちを守ってやらねばと思い、やむをえない子どもだけを対象に、夜間の延長保育をすることになりました。職場や家庭の事情をよく調べ、親子が食事を共にすることのできない家庭の子どもを優先的にしました。

昼間保育の保母は勤務が終われば帰宅してもらわねばなりませんので、午後6時以降は園長の家族みんなで、もちろん無給で保育しなければなりません。そういう子どもが9人、10人と増えてきた食卓は、もう戦場のようなありさまで、とても私たちだけの手には負えない状態になり、夜間保育施設の必要を広く訴えることになりました。

第4節　夜間保育園の誕生

１９５５（昭和30）年の秋になって、京都市が特殊保育事業として夜間保育を取り上げることになりました。このような特殊な保育は公立ではとてもできないので、この事業を当園に委託したいということになりました。夜間保育園という全国に例のない施設を開くには、今まで以上に家族の理解と協力が必要ですし、昼間保育の保母の理解もなければなりません。それに、夜間保育を担当するよい保母が得られるかどうか、乳幼児の福祉と教育の調和をどう図っていくか、必要な設備の資金をどうするかなど、難しい問題はいっぱいありました。結局、必要がある以上はだれかがやらねばならないのだからと、市に要求すべきことは要求して、みんなが力を合わせてやろう、ということで、ようやく開設を決心しました。

職員はなんとか確保できたのですが、夜10時までの保育の特別夜間手当は５００円加算されるだけでしたので、職員と一緒に市役所の局長さんのところに怒鳴り込みに行ったこともあります。「もう、だん王は役所にいれるな！」と言われたものです。

一番の心配であった資金の問題は、京都市が60万円の勧奨交付金を出してくれることになり、周囲の人たちの熱心な努力のおかげでなんとか切り抜け、１９５６（昭和31）年5月、我が国で初めての「夜間保育園」が誕生しました。

第5節　保育は10時まで

夜間保育というと、夜だけ働く婦人の子どもの保育施設と思われがちですが、そうではありません。飲食店をしておられる家庭や、洋服屋さん、美容師、映画館やデパート勤務、銀行で働く方や、看護師や医師、学校の先生など、母親の労働の実態を見ても、昼から夜にかかる長時間労働の家庭の子どもですから、みな朝から登園してきます。それで「子どもの福祉」という面を考慮して、保育時間を午後10時までと定めました。

開設当時の定員は30名でしたが5年後には40名に増員されました。この子どもたちは、みな昼夜両方の籍をもっています。

現在、0歳から小学3年までの約50名が在籍しており、園長以下6名の保育士と常勤の看護師1名、栄養士の資格をもった調理師が保育にあたり、委託医師が健康診断や急患の治療を担当しています（昼間保育は園児１７０名に保育士24人、調理師３人、保育バス運転手兼用務員1名、事務員1名が勤務、委託医師1名が配属）。

夜間の保育士は午後2時に出勤して10時に勤務を終えますが、6名のうち2名は交代で1時に出勤して、夜間保育の準備をします。午後2時になると、夜間の職員も昼間保育の6つのクラスにそれぞれ入り、昼寝、おやつを共に過ごしながら、5時からバトンを受ける夜間保育児の心身の状態について、昼間担当の保育士から詳しく報告を受け、記録し、それぞれの子どもを観察します。この時間というのは、夜間保育をすすめるために、とても重要な時間なのです。

第６節　夜間保育の問題点

目の前の困っている親子を何とか守ってあげなければということで、１９５６（昭和31）年に京都市の委託事業として全国で初めて誕生した夜間保育ですが、それ以降、劣悪なベビーホテルが林立し乳児の痛ましい死亡事故が相次いで起こり、大きな社会問題になりました。ＴＢＳのディレクターだった堂本暁子さんの報道ドキュメンタリー「ベビーホテルキャンペーン」が国会で取り上げられ、河嶋静代氏の写真ドキュメント「闇に漂う子どもたち」などによって、夜間保育の必要性が広く社会に知られるようになってきました。

しかし、夜間保育は、決して奨励すべきものではありません。どの子も夕食はお母さんや家族と楽しく食べることにこしたことはないからです。しかし都市で働く女性の職業は多種多様ですし、核家族化による子育て能力の低下、暴力やネグレクトなどの虐待、子育て家庭に対する理解・関心のなさなどによって、保育を必要とする子どもの家庭の問題も多様化してきています。しかし、どの家庭も子どもを愛し、立派に育てたいと真剣に願っていることに変わりはありません。

子どもが
おかしな行動をして
親を困らせるのは
自分にもっと
かかわってほしい　という
子どもの　サインなのです
そんな時　叱る前に
うんと子どもを
抱きしめて下さい
子どもに笑顔が
もどるまで…ネ

だん王保育園の母子像ポスター

夜間という特殊な保育事業は、保育士、職員の給与や労働条件、給食を含めて、きめ細やかな保育内容などを考えると、民間委託の安上がり行政では、もう限界ではないかと不安です。

子どもたちはみな等しく福祉と教育を保障してもらう権利をもっているのですから、働く母親、家庭の実態に即して多様な保育施設が必要になるのは当然です。ことに、女性がどんどん職場に進出していく今日の社会の実情、子育て世代の生き方、価値観、家庭の実態に政治の光を当てることが急務だと思います。長時間保育は子どもの発達に障害をつくり出すなどと理由をつけて、現に母親と夕食を共にすることができない状態の子どもたちを放っておくことは許されません。そのためには、女性の労働条件の改善とともに、保育行政が、働く子育て世代の実態に即してすすめられなくてはならないし、夜間保育事業に対しても、財政的にしっかり保障されるように強く要望しないではおれないのです。

第7節　学童保育の併設

前述のように、長時間保育の要望が強くなっても、母子、父子家庭の乳幼児を午後10時まで保育するようになってから、また新たな問題が起こってきました。この子どもたちが卒園して小学校に入学すると、放課後の行き場がないということでした。両親やおじいちゃん、おばあちゃんがそばにいる場合は子どもを一人ぼっちにしないような工夫の余地もありますが、それが難しい家庭もあります。子どもがカギを扱えたり、少しは台所の仕事ができるようになる年齢までは、親が勤務を終える時間まで保育を継続してやる必要があります。そのため学童保育をはじめ、子どもたちの放課後を、温かな家庭的雰囲気を大切に、健やかに過ごさせる環境づくりをしています。

昭和から平成へと時代は進んでも、子どもと子育ての抱える問題の完全な解決はあり得ません。その時代、時代、その家庭、家庭の実態をしっかり受け止めて、子どもの福祉と教育を高めていく努力を怠らないことは、私たち夜間保育園も含めた、この社会を形づくっている一人ひとりの大人に課せられた使命なのですから。

しがはら・ちえこ　（だん王保育園園長・全国夜間保育園連盟顧問）

コラム5

地方の夜間保育園のまなざし

（道林信郎）

　野町夜間保育園が北陸の城下町金沢に誕生したのは、１９８８（昭和63）年7月のことです。当時法人の理事長が県の社会福祉協議会におり、温泉地や夜の飲食業に働いている母親の存在に心を痛めていました。温泉地における保育事業が、母親が働きながら子育てし、子どもの安全を確保するという点でも、大きな成果を上げていました。それ故に夜の飲食業の多い金沢での夜間の保育事業の必要性を早くから訴えていました。１９８７（昭和62）年秋、金沢市の保育に関する新規事業として夜間保育の実施にあたり、当保育園で受け入れることを決意しました。

　宿泊を前提とする24時間タイプ、10時までの長時間延長タイプなど、さまざまな事業形態が考えられる中、当園の立地環境と金沢市の夜の飲食街の営業状況を考慮し、午前2時までの深夜型の夜間保育園を選択することにしました。保育環境の整備では子どもたちの成長と安定を図るため、生活習慣を整えることをめざし、日が暮れるまで元気に遊び、日が落ちたら夕食を食べ、ゆっくりとした団欒を経験し、風呂に入り寝るといった、日常生活を提供しようと考えました。そのために入浴の設備、畳敷き、障子の居室といった住環境の整備を進めていきました。

　開設当初は、保護者の仕事中心にお迎えの時間まで子どもたちは起きて待っていましたが、子どもたちにとっては残酷で、一人、また一人とお迎えが来て、最後は広い保育室に保育士と一人で残されることの寂しさが募ります。母親が早くお迎えに来る日の「早迎え」という言葉が、光り輝く勲章のように語られていました。さらにこの体制は、子どもたちの個々の生活リズムの違いから、活動に大きな差が生まれ、保育中に事故が発生することにもなり、このことから、子どもたちの生活リズムを守るため、9時の就寝を実施することにしました。

　一方、職員の処遇面においては、週38時間勤務、夜間保育園専門の職員体制、給与体系など、少ない運営費の中でできる限りの体制を確保することに努めました。金沢市の担当課との話し合いを重ね、深夜に保育を必要としている子どもがいることを強く訴え、公金を直接支出してもらうことにこだわりました。それが「公」の責任の証だと考えたからです。しかし、今もって達成されていません。延長保育の枠の中で処理され、制度改革のたびに改変され、その都度夜間保育園は右往左往しているのです。職員の処遇に関して、交代勤務にかかる職員の加配と給与の増額を訴えましたが、加配は認められず、職員給与については、補助を確得できました。これは、金沢市の夜間保育事業に対する意欲の表れであると思います。特別な基幹産業がない地方都市において、城下町で培った商業という産業は、その副産物としてサービス業を生み、それが社会の大きなウエイトを占めます。それを支える制度の構築は不可欠なもので、そのためにも、制度を充実し、保育を必要とする子どもがいる限り、夜間保育園を無くしてはならないと思います。

現在、野町保育園・野町夜間保育園ではさらなる保育事業の展開を行っています。おもに卒園生を対象とした小学生の深夜までの保育です。以前は子どもの小学校入学を機に母親が夜から昼の仕事に替えるということがほとんどでしたが、最近は難しくなっています。そのため、子どもの生活の安定を図るための受け皿を制度化する必要があると思います。

現在小学生は、保育所の延長保育制度およびトワイライトステイの制度を拡大運用して援助してもらっていますが、これらの子どもの存在を認知してもらい公の支援制度の充実を求めていきたいと思います。

地方都市の現実として、このような保育ニーズの総量は非常に限られたものであり、社会の少数派が、公的な支援を受けることに対して、社会全体の賛同を得ることが難しくなっています。新制度により夜間保育園がなくなってしまえば、この子たちの行く場所がなくなってしまいます。その意味でも、施設の存続は重大な使命ともいえます。

いみじくも、夜間保育園開設にあたって研修した時に言われた「夜間保育園の永遠の課題は、職員の確保と園児の確保である」という言葉が思い起こされます。夜間保育園が保育園としてその使命を果たしていかない限りその存在意義はありません。子どもたちのために、今の施設を守っていきましょう。

（みちばやし・のぶお　野町夜間保育園園長）

第9章　初めての夜間保育への挑戦

――財前民男――

第1節　夜間保育園の開始

小ざくら夜間保育園が誕生し、41年が過ぎました。当時の園児が父母となり、現在その子どもたちが入園、あるいは、すでに卒園して就学したりなど、親子2代にわたって園を利用する姿も見られるようになり、歳月の過ぎる早さを改めて感じます。この間、そして現在も、夜間保育を含め保育を取り巻く環境は年々変化し続けています。私たちはその間、さまざまな試行錯誤をくり返しながらも一貫して、法人創設者でもある義父、故浅田弘義の「必要とする人たちのために、まず行動を」との思いを理念の一つとして引き継ぎながら、地域の人々の切実な要望にこたえ困難な福祉の課題に対し積極的に開拓者として取り組んだり、職員の資質向上と社会の進展に応じた広い視野をもつように努めたりしながら、地域や関係機関、園を利用する保護者の方々、そして何よりも子どもたちの〝育ち〟に支えられて、懸命に夜間保育に取り組んできたように感じます。

まだ「夜間保育園」というものが存在しなかった時代に夜間保育園を開園し、「夜間保育」をスタートさせるにいたった経緯は、当法人の始まりとその歴史に大きくかかわっているように思います。

第2節　法人の始まりと保育の歴史

当法人の歴史は、１９５５（昭和30）年、岡山県倉敷市水島の地に始まります。当時、この地は、敗戦の傷跡も生々しく、三菱航空機製作所が解体され、数千軒の社宅の空き家が立ち並ぶ状況であり、家があるというだけで、仕事がないにもかかわらず全国から住宅を求め、戦災者や引揚者が集まり、戦後の混乱した状況にありました。そのような時、創設者である義父、故浅田弘義は、夫を事故で亡くし、障がいのある子どもとその妹を抱えて働くに働けない母親との出会いをきっかけに、福祉の道へ進む決心をしました。そして、国や県の補助金制度もなく資金集めをはじめさまざまな苦労の中で、三菱航空機製作所の社宅の一角の畑の中に小ざくら保育園（定員１００名：幼児90、乳児10）を開園しました。その後、多くの方々の支援を得て、翌、１９５６年、社会福祉法人光明会の設立が認可され、浅田弘義は理事長に就任しました。

昭和30年代後半からは、鉄鋼・石油コンビナートを中心とする水島臨海工業地帯の建設が始まり、高度経済成長の波に乗り企業の進出が相次ぎ、労働人口は増加し、保育のニーズも急速に高まりました。そのため、敷地内に保育室を建築して、数回にわたる定員増を行い地域の保育ニーズにこたえていきました。

第3節　小ざくら夜間保育園の誕生と歩み

1．夜間保育のスタート：倉敷市の委託事業として

そうして高度経済成長が頂点に達した１９７４（昭和49）年10月、当地の市街地や商店街の隆盛とともによせられた地域の人々の夜間保育のニーズにこたえ、小ざくら保育園の一角に倉敷市の委託事業として小ざくら夜間保育園はスタートしました。

当時、定員は20名、保育時間は午後2時から午後10時まででした。しかし、現実のニーズは朝から夜間までの保育を必要とするケースが多く、利用者は核家族で夜まで飲食店を経営したり、単身家庭で変則的な就業をせざるを得なかったりといった方々でした。幼い子どもを保育園に預けることにも賛否両論があった時代、夜間に子どもを預けること、また、夜間保育園や夜間保育に、当時どのくらいの人々の理解があったかは定かではありません。しかし、「必要とする人たちのために、

灯りのともる保育所

楽しい夕食（1975年）

まず行動を」という創設者の思いとそれに共感する職員の熱意、そして、家族の生活を支えるために一生懸命に夜遅くまで働く保護者の姿、またそうした保護者の園に寄せる信頼や園（職員）と家庭（家族）とがお互いを思いやる心に支えられ、夜間保育は行われました。

当時から小規模ならではの家庭的な雰囲気を大切に、また本来ならば、家庭で過ごす時間ということを考慮しながら、子どもたちがゆったりとリラックスして過ごせるように、子ども一人ひとりを十分に受け止め、丁寧なかかわりを大切にした保育に努めました。

それからまもなく、これまでの敷地内では多くの入園希望者に対応できず、１９７５（昭和50）年4月に新築移転を行い、小ざくら保育園は定員３００名、加えて０、１歳児を対象とした小ざくら乳児保育園が定員90名で独立、また、小ざくら夜間保育園も定員を30名とし、同一敷地内の独自の建物で夜間保育を行うこととなりました。

その後、全国的にベビーホテル問題が表面化し、国の制度として夜間保育モデル事業が１９８１（昭和56）年10月にスタートし、当園は、認可夜間保育園第一号として再スタートすることとなりました。

2．再スタート：認可夜間保育園として

１９８1年10月、認可夜間保育園第一号として再スタートしましたが、それ以前より朝から夜までの保育を必要とする利用者のニーズに合わせ、朝からの保育を必要とする子どもは、同一敷地内の小ざくら保育園、小ざくら乳児保育園に登園し、午後4時には、夜間保育園に移動するという形態で保育を行ってきました。こうした法人内事業所間の連携した保育により、昼間、夜間の保育をトータルに考え、その結果、日中は、保育指針をもとに「言語」「健康」「絵画制作」「音楽リズム」などの領域別に専門の保育士が0歳から就学までの子どもたちを担任との連携をとりながら保育する「小ざくら方式」と名づけられた遊びの中で子どもたちの能力開発を考える、現在でいうところの「教育的な部分」も保障する保育を行うようになりました。夜間保育園に移動してからは、朝からの長時間保育となる場合が多いため、できるだけ家庭的な生活部分を大切に組み立てた、心と体の養護を基本にした保育に努めました。また、季節の行事を大切に保護者と一緒に楽しんだり、クッキング等生活体験を豊かにするための活動も多く取り入れたりしました。保育時間も午前、午後の

延長保育と園独自の保育サービスの時間を含めると午前7時から深夜の2時まで、要望に応じて朝までの24時間保育にも対応してきました。その間、夜間保育園の職員が昼間の保育に入り2つの園を利用する子どもや保護者をサポートし、園間の連携の役割を担うことも行いました。

3．夜間保育園の多様な役割

深夜までの保育園を開設して、その役割は昼間保育園では対応できない家庭の社会的養護の前段階的な役割も有するようになりました。その一例を、数年前の夜間保育園の経験交流研修会の発表から紹介しておきます。

事例　社会的養護（要保護）の前段階にあった子どもと保護者（父子家庭）への日常的な支援

【家族構成】

父、昭和45年生、本児　平成15年10月生（男）、＊母　平成17年6月死亡

【入園までの経過】

・平成15年10月本児出産。間もなく母親に病気が見つかり、本児は、母親の実家で、母親・母親の両親と暮らす。母親は入退院を繰り返し、養育は母方の祖母が行っていた。父親は仕事の関係で、週末に母の実家を訪れるという生活を送る。その間、父親の実家と母親の実家で、本児の養育をめぐってトラブル

になり、父親の実家とは絶縁状態になる。

・平成17年6月、本児が、1歳8か月の時、母親が死亡。その後母親の実家近くの昼間保育園に入園。その間、母方の祖母が送迎なども含め、主として本児の養育を行う。平成19年10月、本児4歳、母方の親戚と父親の間で金銭面のトラブルが発生し、母親の実家と縁を切る。それに伴い、通っていた昼間保育園を退園。その後、本児は父親が引き取り、自宅で世話をしていた。が、日中は仕事の為、本児を自宅に一人で留守番させていた。

・平成20年2月、（本児、4歳4か月）それが職場の上司の知るところとなり、職場上司とともに役所に相談。夜間保育園への入園となった。

【入園後の経過】

・父親の仕事の関係で、朝7時に昼間保育園に登園。夕食後19時～20時頃の迎えである。職場の上司が家庭の状況に理解を示してくれ、勤務時間（シフト）にも配慮してくれている。父親は真面目に養育に取り組んでいるが、家事（料理）が苦手で自分の食事は外食で済ませることが多い。本児は偏食が激しく、決まった数パターンのものしか食べられないとのことだった。が、比較的スムーズに園での食事には慣れた。昼食・夕食と園でバランスのとれた食事をするので、父親は安心している。食事以外の点については、洗濯・持ち物などにも配慮し、本児もこざっぱりした身なりをしている。

父親は本人曰く「人見知りをする性格」とのことで、園の行事への参加は恥ずかしいとの理由で参加することはあまりない。

・平成20年8月、母方の祖母より、本児のこれからのことについて話し合いたいが、父親は応じてくれないと思うので、園の先生と話し合いたいと電話があった。父親に伝えるが，かかわりはもちたくないとのことであった（根強い不信感がある様子であった）。

【今後について】

・1年先の就学も考え、父親の思いは受け止めながらも、父親には実家との関係修復なども含めて、子育てに協力してもらえる第三者の必要性を認識していってもらうともに、就学時のことを見通した他機関との連携も必要になってくると考えられる。……（中略）……

【夜間保育所の現状と課題】

・乳児院・児童養護施設に親子分離してしまうより、夜間保育園で日常的に子ども達やその親に必要な支援をし、生活基盤を切り離すことなく経過観察した方が、より親の子育て意識も育てていけるし、子ども達も安心感をもち、安定するというケースもある。

・夜間保育園を利用する保護者の中には緊急を要し、「とりあえず夜まで預かってほしいと、精神的・肉体的・経済的な面でギリギリの状態で入ってくるケースも多い。子どもの存在を生きがいにしながらも生活に追われ、子どもの生活リズムが不規則になったり、子どもを放置しがちだったり、深夜働いているため、メリハリのある生活はなかなか実行に移せないこともある。が、まずは、親子が安心して保育園を利用できるようすべてを受容しながら、子ども・保護者と信頼関係を築いていくことから始め、無理のないように夜間保育園での取り組みを進めていくことで、子育てが分からない・子どもにどう接してよいか不安があった保護者が子どもをかわいいと思えるようになり、子育てが大変な中にも楽しさを見つけだすことができるように支援していくことに努めたい。

・生活や子育てが落ち着くことによって、保護者自身が今後の見通しを立てるゆとりをもつことができるようになり、やがては自立へとつながる。自立を支える支援は虐待予防にも通じる。

・夜間保育園だけでは抱えきれない事例は、夜間保育園、乳児院・児童養護施設などへの入所など、互いに連携していくことが大切。特に夜間保育園の特性（2食提供や入浴など）を活かし、要保護の前段階にある、特にネグレクト傾向にある児童などへの対応はしていけるのではないか。

（第21回『全国夜間保育園経験交流研修会』　2008年11月　資料42～45頁から）

4. 現在の姿とこれからへの思い

そして2013（平成25）年10月現在、夜間保育園には0歳から就学前の子ども36名が在園しており、約8割の子どもが午前11時より以前に登園し、小ざくら保育園、小ざくら乳児保育園での保育を利用しています。保育内容については昨今の時代背景のもと、保育指針が見直され、それに伴い昼間の保育園の保育内容の見直しも行われ、新たな「小ざくら保育の取り組み」を構築し、各年齢に合わせた環境構成や日課、幼児期に身につけておきたい基礎能力を養う活動（教育的な部分）を年齢別に実施しています。そうした保育を日中は保障し、夜間保育園に移動してからの時間は、より家庭に近い環境を整えながら、一人ひとりの子どもが安心して楽しく過ごせるように配慮し、こまやかな援助をこころがけています。また、保護者とのコミュニケーションを大切にし、園の行事に参加してもらう機会を積極的に設け、そうした行事には卒園児やその保護者も招き、親子や保護者同士のかかわりがもてるようにしています。

現在、夜間保育園のあり方を含め、保育を取り巻く状況や制度は大きく変わろうとしています。しかし、どのように変わろうとも、利用者の視点に立ち、迷った時には創設者の「必要とする人たちのために、まず行動を」という思いに立ち返り、時代の変遷に伴う多様なニーズに積極的かつ迅速に対応すべく努力を重ね、だれでもいつでも安心して利用できるサービスの提供とその質の向上をめざしていきたいと思っています。また、そうしていくことが福祉施設としての大切な使命だと信じています。

ざいぜん・たみお（小ざくら夜間保育園理事長）

コラム6

地方小都市における夜間保育所の変遷（堀井隆栄）

7万人程度の地方の小さな市からみると、人口集中地とのさまざまな格差は急速に広がっているように思えてなりません。

アベノミクスに期待を込めているのは、この人口集中地の話でしかないのかもしれません。特に私共が立地している温泉街の疲弊は、すさまじいものがあります。最盛期の温泉地の浴客数は、年間百万人に達していましたが、今はその6割程度にすぎません。日本の高度成長期には、当地も大いにうるおっていたし働き手の人口流入が続いてもいました。温泉旅館は、競って大型化へ向かっていき、その働き手を日本各地から、職安はもとより女性週刊誌等への広告まで利用し募集しました。その中に、母子家庭の人たちも職を求めやって来たのです。そんな時代、１９６８（昭和43）年4月、夜間保育所が温泉地に誕生しました。昼間型と夜間型併設でしたが、深夜延長、宿泊保育は、認可の対象とはならず未認可のまま発足したのでした。しかし、県や市、地元の温泉旅館組合の補助金を得て細々と維持経営を続けることができました。福祉という目的のためには、経営が大変でも苦にはならなかったし、職員も使命感と責任感を持ち続け運営に協力を惜しまなかったのです。開設時から14年間の統計をみると、深夜型園児数平均は、月間27人を数えていた。こんな小さな温泉地へ多くの母子家庭が流入していたのでした。１９９０（平成2）年、県や市の勧めもあり、１９９１（平成3）年4月より園の認可夜間保育所として再出発しました。無認可保育時代の経営と比較するとその潤沢さに雲泥の差があったことを記憶しています。

さて、昨今の温泉地の現状にもう一度目を移すと、バブルがはじけると同時期に、大型温泉旅館の経営が次々行き詰まっていきました。温泉地への浴客は団体からグループ化、家族型へと変遷していき、歓楽型から周遊型への対応ができない旅館は、次々と消えていったり、経営者が変わっていきました。旅館の経営環境も団体からグループ、家族対応となり、人手も以前より必要がなくなり、雇用環境までが激変していったのです。今、旅館で働く母子家庭も同様に激減してほとんど〝いない〟のです。勤務時間の長さ、収入の不安定から敬遠されてしまったと理解しています。それが、今のいつわざる現状です。

園経営の理念はしっかりと持っていて、その理念の支柱になった言葉があります。旭化成の中興の祖と言われている故宮崎輝氏が、『企業は、実力の範囲内で健全な赤字部門を持たなければならない』と述べられていました。企業という言葉を社会福祉経営と読み換えただけで、故宮崎氏がどのような場で述べられた言葉か知らないのですが、夜間保育所の経営理念として現在も持続しているし、今後も持続していく覚悟には変わりがありません。

今、夜間保育所をとりまく環境は、全国レベルでみれば、その需要は増大しています。その主な場所は、大都市その周辺に集中しているのが現状ではないでしょうか。東京にオリンピックが招致されたのはおめでたいことですが、ますます人口集中し、大都市と地方の格差が開くことが一部予想されています。このような中、地方の小さな夜間保育所はどうなっていくのか。その将来は歴然としています。しかしながら、夜間働く保護者と夜間保育を必要とする子どもたちがいる限り理念に基づき守っていきたいと心に誓っています。

夜間保育所を全否定したり、冒涜するつもりは、毛頭なく、働き方の多様性という生き方も理解しています。安梅先生の調査結果「夜間保育が子供に与える悪影響は少ない」というものについても異論を唱えるつもりもありません。

が、しかし、社会福祉、特に母子に対する保育環境について、あえて言いたいことは、せめて、母子家庭の子どもが3歳くらいになるまで母が働かなくても良い福祉環境があってほしいと、私が奉職した昭和47年4月から願っています。あれから、40年あまり、国の施策はなかなか思うように進んではいません。無理な願いなのでしょうか……。それとも、〝夢〟なのでしょうか。

屈託ない子どもたちの寝顔を眺めながらただただ〝幸あれ〟と祈る日々です。

（ほりい・りゅうえい　第2やくおうえん園長）

第10章 夜間保育利用者からみえる日本の家族問題

——河嶋静代——

１９７０（昭和45）年末にベビーホテルでの子どもの死亡事故など、その劣悪な保育環境の問題が社会問題化し、１９８１（昭和56）年に児童福祉法が改正され、ベビーホテルなど無認可保育施設（認可外保育施設）への立入り調査の実施や夜間保育制度の創設など、一連のベビーホテル対策が講じられました。夜間保育所の制度化から約30年、夜間保育所はどのように機能しているのでしょうか。本章では、今日にいたるまでのベビーホテルと夜間保育所の変遷をふまえながら、それらの利用者の夜間保育ニーズの背景にある就労や家族の問題を探究することで、夜間保育所の役割について考えていけたらと思います。

第1節　夜間保育所と利用者の状況

1．ベビーホテルの受け皿としての夜間保育所

厚生労働省の調査によれば、夜間保育所は２０１２（平成24）年、全国に77か所設置されています。認可保育所全体からみると、約０・３％の実施率と夜間保育所の普及はきわめて低い状態です。また、ベビーホテルが30か所以上ある静岡県、千葉県、政令指定都市の仙台市、神戸市などにおいては夜間保育所が未設置です。このように夜間保育所の偏在によって、これらの地域では夜間保育所がベビーホテルの受け皿となってはいません。

厚生労働省の「平成23年度認可外保育施設の現況取りまとめ」によれば、２０１２年のベビーホテル数は１９８１年に比べて約4倍、利用児童数は約2・5倍に増加しています。少子化なのにベビーホテル数や利用児童数の大幅な増加の背景には、共働き世帯の増加があります。２０１２年の保育時間帯別入所児童数では昼間と夜間に預けられている児童の比率は8対1の割合でした。比率は低いですが、数からすると、夜間、深夜、24時間、宿泊等の保育時間帯に開設するベビーホテルは全国に約１３００か所あり、その利用児童は約４３００人以上もいます。ベビーホテルの劣悪な保育環境は未だに未改善施設が多く（不適合施設割合は5割強）、決して放置してよい状況とは思

われません。ベビーホテルでの子どもの置き去りケースも跡を絶ちません。夜間保育が制度化された30年前の原点に立ち戻り、政策的にも、必要な地域にベビーホテルの受け皿となる夜間保育所の設置を進めていく社会的取り組みが求められます。

2．夜間保育所：生活保護、住民税非課税世帯、ひとり親家庭の割合

夜間保育所利用者の職業や雇用形態、所得階層は多様です。専門・技術的職業に従事する比較的高所得階層の利用も少なくありませんが、特徴的なのは恒常的に貧困・低所得階層やひとり親家庭の利用が昼間保育所と比べて高い割合を占めていることです。

１９８８（昭和63）年の夜間保育園連盟の調査では、午後から深夜までの保育時間帯では飲食関係や接客サービス業に従事し、生活保護・所得税非課税世帯の割合は全体の約3割、母子家庭の割合が3割弱でしたが、20数年経った２０１０（平成22）年の調査でも、生活保護と住民税非課税世帯が全体の約3割、ひとり親家庭が4分の1と、ほとんど状況の変化はありませんでした。

第2節　夜間保育と日本の家族問題

本節では、夜間保育所を利用する貧困・低所得階層やひとり親家庭のうち、特に母子家庭に焦点

をあて夜間稼働が生み出される背景について考えてみたいと思います。

1．夜間保育と貧困問題

①地域の産業と女性労働と夜間保育ニーズ

ひとり暮らし研究会（1990）の調査は、地方の温泉街にある24時間開設の夜間保育所の利用者の生活実態を明らかにしています。利用者の約9割が旅館関係の仕事に従事し、約8割が母子家庭で、その大半が夜8時以降から早朝の時間帯に働いていました。地域の在住年数は全員が5年未満で、そのうち5人に1人は1年未満でした。これらの在住年数の低さから離婚などで母子家庭になり、別の土地から仕事を求めて移動してきたという経緯が読み取れます。当時、温泉街の旅館等で働く従業員の求人広告が女性誌に掲載されるなど、近畿地方の観光地のホテルでも九州地方に従業員募集の広告を出し、従業員確保のために地域の夜間保育所と委託契約を結んでいました。このように温泉地や観光地などでは、旅館などで働く母子世帯の夜間保育ニーズが生み出されていました。

沖縄の母子世帯に関する調査では（畠中 1982）、沖縄が全国の母子世帯の出現率よりも高いこと、特に基地周辺で母子世帯の出現率が高く、その地域での接客サービス業・飲食業従事者の割合や未就学児の夜間保育利用率が高いこと、基地周辺の母子家庭の母親が飲食店、風俗営業に従事することで夜間保育のニーズが生み出されていることが明らかにされています。

新宿区歌舞伎町に隣接する大久保地域は、１９８０年代半には全国的に最もベビーホテルが集中していました。それは「性の町」という歴史的背景を有する日本一の歓楽街に隣接する地域として、戦後から風俗営業などに勤める母子家庭の母親たちの居住地域となっていたという背景があります。

これら3つの地域の事例からは、接客サービス業や風俗営業など女性に多い職業と地域の産業との関連が読み取れます。それは夜間保育のニーズは地域に平準化して現れるのではなく、地域の産業と女性労働との関連で特定地域に集中して出現するような状況が浮かび上がってきます。

②夜間保育ニーズの背景にある母子家庭の貧困問題

近年、日本の雇用環境をめぐる変化により、貧富の格差が拡大しています。夜間保育所の利用者層に見られる所得階層の二極化はそうした格差社会の雇用状況を顕著に映し出しています。

大都市では多様な深夜型、24時間型の仕事がありますが、その多くは就労不安定な仕事です。また、商店や飲食店も大型店やチェーン店との競合で長時間営業をしなければ経営が成り立たず、夫婦で夜遅くまで開業している姿が多く見られます。

夜間保育所利用者に母子家庭の利用が多いのは、「女性の貧困化」が母子家庭に集中的に現れるような社会の構造的問題が背景にあるからです。

日本の母子家庭の貧困率は世界的にも突出しており、極めて特異な状況にあります。母子家庭の8割以上が就労していますが、所得は一般世帯の約4割という低さです。それは母子家庭の半数以上が低賃金の非正規雇用であること、別れた夫から子どもの養育費を受け取っている人が2割にも満たない（厚生労働省 2012）という状況や貧困を是正する母子家庭に対する社会保障が脆弱であることとも関連があります。母子家庭の経済的困窮が夜間稼働を余儀なくさせ夜間保育のニーズを生成させているので、保育問題への対応だけではなく構造的問題の解決も急務です。

2．夜間稼働母子世帯にみる貧困の世代間連鎖

①児童虐待等ケースと成長発達の課題

貧困の最も究極の姿としては児童虐待や遺棄、子殺し事件があります。私はベビーホテルの利用者の子どもの遺棄や子殺し事件などを調べてきましたが、女性たちの生育史に触れる中で感じたことは女性はシングルの時よりも、同棲や結婚をして子どもを産み家族をもつことでより厳しい生活状況に追いやられるということでした。もちろん事件が発覚し、可視化される以前の、子どもの頃の彼女たちの生活もまたけっして恵まれたものではなかったということが推測されました。これらのケースに共通して見られるのは親の病気や貧困などのため十分なケアが受けられず、中学卒業と同時に家を出て仕事についていては転職を繰り返し、その過程で知り合った男性と若年で同棲や結婚をし、子どもが産まれるという軌道を描いていることです。

人間は乳児期、幼児期、児童期、青年期、成人期と連なるライフステージにおいて発達課題を達

成し、その節目を乗り越えていくという課題を持っています。しかし事例の母親たちは子ども期の劣悪な養育環境や家庭の機能不全のために、人間としての成長・発達を保障されず未成熟なまま大人になっているケースが見られます。そのために危機に直面しても正面から立ち向かうのではなく、逃避によって課題を先送りし、解決できない課題が山積みされ、最終的に子どもの遺棄や子殺しに至ってしまうというプロセスを歩んでいました。これらのケースからは家族の貧困や家族問題と密接に関係する子どもの成長・発達の課題が浮かび上がってきます。子ども期の養育のあり方がその後の大人になった時のあり方を方向づけるという、児童虐待や要養護児童の世代間連鎖の課題です。

②大阪の二児餓死事件から

この事件は、風俗店に勤める23歳の母子家庭の母親が幼い子どもをマンションに置き去りにして帰らず、子どもを餓死させてしまったという事件です。女性は子どもの時に親が離婚し、ネグレクトの中で育ち、中学生で性暴力の被害にも合い、非行に走ります。子どもの遺体発見時、室内にはごみが散乱するような状態で、餓死することが想定されるにもかかわらず乳幼児の育児を放棄して男友だちと遊び回っていたことで世間から非難の的になりました。このケースからは虐待の連鎖や男性からの性的自立の問題、性暴力被害のトラウマの問題など、保育や養護の課題だけではなく、母親を支える支援の課題が見えてきます。

このケースの彼女の場合は風俗営業店の準備するマンションに住んでいて、子どもをベビーホテルなどの保育施設に預けていませんでした。どうして保育施設に子どもを預けなかったのでしょう。

この事件によって、今日、ベビーホテルにおける風俗営業などで夜間働く母親たちの保育のニーズは可視化されていないだけで、今なお数多く存在するということが明示されているという気がします。それがたとえ少数の特殊なニーズであったとしても、母子の危機的状況が隠れているかもしれず、児童虐待や要養護児童の早期発見という見地からもそれらのニーズを掘り起こしていくことの重要性をあらためて感じました。

第3節　夜間保育所に期待する役割

1. スティグマを抱えた親たちへのアクセス

児童相談所に措置された児童虐待ケースからベビーホテル利用者のケースを洗い出すと、その中には夜間保育所が近くにあるのに利用していないケースがいくつか見られました。彼女たちはなぜ夜間保育所ではなく、ベビーホテルを利用したのでしょうか、ベビーホテルの受け皿としての夜間保育所の機能を考えるうえで追及すべき課題です。

その理由をケースから推察すると、母親たちの多くは社会からのスティグマ（烙印）を抱えていて、制度化された施設を利用するのに支障があったからだということが考えられます。たとえば18歳未満であるにもかかわらず年齢を詐称して風俗営業で働いていたり、住民票と実際の住まいが異なっていたり、ホテルや友人宅を転々としていて住所不定であったり、家出人としての捜索願が出されていたり、ＤＶやサラ金業者から逃げていたり、児童相談所や福祉事務所などとトラブルになった過去があり、公的機関を避けているとか、外国籍で在留資格がないというような多様な理由が考えられます。このような事情を抱えている親にとって夜間保育所は敷居が高く、制度外のベビーホテルの方が入所が簡単なので利用しやすかったということが考えられるのです。スティグマを抱えた親が、どうすれば夜間保育所にたどりつくことができるのかが課題です。

2．マイノリティの子どもを受け入れる価値観や文化の醸成

保育実践という観点からは、夜間保育所ではマイノリティの子どもを包摂できるような価値観や文化を育成してもらいたいです。子どもは家族が抱える生活課題を必然的に背負わざるを得ず、社会の平準化された価値観や文化の中で疎外され排除されていく恐れがあります。マジョリティの人たちがもつ家族像や幸せのイメージの前で、子どもは自分や家族のことを卑下し、恥ずかしく思って、自己を表出できず孤立していく可能性があります。マイノリティの子どものことを共感的に受

け止めていけるような夜間保育所の雰囲気や子どもたちの集団を育成してもらいたいのです。

3. 家族福祉問題への対応とファミリー・ソーシャルワーク

夜間保育所は経済的困窮や家庭不和などさまざまな生活問題を抱えた人が利用しています。働くことで精いっぱいで子どものケアを十分にできない親に対して家庭での養育を補い、子どもの成長・発達を保障し、親の就労を支援する機能が期待されます。保育士が親の相談に応じ、日々の親子の変化を察知することで児童虐待を未然に防止する機能やファミリー・ソーシャルワークの導入により、利用者の生活の危機を防止して、生活を安定させていくような支援が期待されます。夜間保育所では母子生活支援施設、乳児院、児童養護施設、地域子育て支援センター等を付設する施設もあります。こうした施設や専門機関と連携しながら、児童養護施設を退所した子どもや親のアフターケア、母子家庭の自立の支援、社会福祉サービスの情報提供など、家族福祉的援助が期待されています。

4. 地域社会の貧困の緩和と社会的包摂

夜間保育所を利用する親たちは地域の産業や景気などに規定された生活実態があります。その暮らし向きは地域に生活関連の公共的な社会資源がどれだけあって、それを利用できるかどうかで窮乏化の度合いが違ってきます。たとえば公営アパート、認可保育所など公共的な社会資源を利用すれば出費は抑えられますが、市場の商品化された社会資源を数多く購入すればするほど出費はかさみます。地域に夜間保育所がない場合はベビーホテルなどの高額の保育サービスを購入せざるを得ず、窮乏化の度合いも高まります。夜間保育所は、地域の住民の子育ての拠点として、就労と子育て、生活を支える公共的な社会資源であり、地域社会の貧困を緩和させる機能を持っています。また地域に潜在化したベビーホテル利用者の養護ニーズの受け皿になることで、社会的に排除されたマイノリティの人々を地域社会に包摂していく役割も期待されています。

5．おわりに

かつて私が目にしたベビーホテルの寒々しい光景が思い出されます。そこでは子どもたちのいじめやけんかが絶えませんでした。毎日迎えの人が来る子どもと、宿泊して朝になって家に帰る子どもの間では、子ども同士の嫉妬によるいさかいもあり、夜間預けられている子どもたちの痛々しいほどの寂しさが伝わってきました。

困った時に相談できる、支えてくれる人が身近にいるという安心感によって人は支えられると思います。砂を噛むような荒涼とした世界を歩いているかもしれない親子にとって、夜間保育所が心のオアシスになれるよう、家庭を補う居場所として安心とやすらぎを提供していってもらいたいと思っています。

かわしま・しずよ（北九州市立大学文学部教授）

〈**参考文献**〉

河島静代　ベビーホテルと児童家庭問題　京都・法政出版　2000
厚生労働省　平成23年度全国母子世帯等調査結果の概要　2012
厚生労働省　平成23年度認可外保育施設の現況取りまとめ　2013
櫻井慶一　全国夜間保育連盟　２０１０年度全国夜間保利用者調査—現状と課題　2010
全国夜間保育連盟　第二回全国夜間保育所実態調査報告書　1998
畠中宗一　沖縄の母子世帯に関する一考察　母子研究　5, 1982
ひとり暮らし研究会　求められる子ども生活環境の対応　1990

コラム7

親子の絆と夢をはぐくむ保育

（酒井初恵）

「先生、結婚しました」。左手薬指に輝く指輪を見せる笑顔のOさん（父親）、卒園して3年、思いがけない訪問でした。「子どもたちは小学校に行ってます。元気です。今日は僕が報告に来たくて」。

5年前のこと、それまで昼間保育所に入所していたOさん一家、母親が蒸発して以来、長女（Mちゃん4歳）、長男、（Uくん3歳）次男（Aくん1歳）の3人を男手一つで育てていました。3人の子どもを抱えて就職ができないと、当時在籍していた昼間保育園所の園長から「大変な親子がいる」と連絡があり、急きょ夜間部に入所となりました。

入所時面接では、全く人見知りをしないAくん。父親の後ろに隠れて、じっとこちらをうかがっているMちゃんとUくんでした。1歳児のAくんには育児担当制で日々の信頼関係を培うことを始め、育児に必要なことを少しずつ伝えていくことにしました。

MちゃんとUくんは異年齢縦割りクラスで生活をするようになりましたが、きょうだいげんかが絶えず、「ずるい」「○○ちゃんばっかり」が口癖でした。「パパきらい、みんなきらい」自分の父親への満たされない感情をぶつけられずにもがいている様子が痛々しくもありました。

大人に対する信頼を取り戻すためには、MちゃんとUくんの話を聞き、意志を尊重することで可愛がられている実感をもてるようにすること。父親や私達の思いを丁寧に伝えていくことを職員間で確認しました。

営業職に就いた父親はお迎えの時間が定まらず、受け入れ表に午後8時となっていても11時を過ぎることもありました。「お父さん、仕事をもうちょっと頑張ってるって」「お父さん、がんばり屋さんだね」と父親の代弁者となるよう心がけました。「えー、またー」とがっかりするMちゃんでしたが、徐々に落ち着いて話を聞くようになり、卒園時には「お仕事しっかりね」と登園時に父親を送る姿もみられました。

園生活に少しずつ慣れてきたころの親子遠足での

忘れられないエピソードがあります。

日頃親子で過ごす時間が少ないことを考慮し、ふれあい保育所では親子で過ごす行事や保護者がお弁当を作る機会を多く設けています。親子遠足でお弁当が必要なことを伝えると、「大丈夫です、作ってきます」という返事が返ってきました。料理はできないと言っていた父親です。いざという時のために、私はMちゃん家族の分のお弁当を作ってきました。

いよいよお昼時間、お弁当箱を開くと、『ふりかけおにぎり、魚肉ウインナー、焦げた卵焼き』が、やや偏って詰めてありました。じっと見つめていたMちゃんとUくん。周囲の大人が息をのんでいると、Mちゃんが、「パパ、ここあいてるよ」と笑いながら、保育所から配られたお菓子を弁当箱に詰めました。Uくんが「せんせい、ほら、パパが、ねないでつくったんよ」と見せ、父親が徹夜して作ったお弁当が「（食べて）なくなるの、いやだなあ」と言いました。

「おいしそうだね、やっぱりおとうさんすごいね」という私の言葉に、「うん、おいしにがいよ（美味しくて苦いという意味）」「かわいそうに先生自分で作ったん？　パパこんどせんせいにもつくってあげて」と真面目な顔で言いました。恥ずかしそうなお父さん、周囲の家族からも笑い声が起こり、笑い声の中心にMちゃんとUくんがいました。

その後、休日には家族で簡単な料理をするようになり、クラスの母親からコツを教えてもらったらしく、お弁当も彩りの良いものになっていきました。

あの時を振り返りながら、「シングルファザーはきつかった、もう少し早く迎えに来てとか、もっと子どもといてくださいなんて言われていたら、今の生活はありませんでした。」「予防接種も何もわからなかった、誰も教えてくれなかったのに、全部お世話になりました」「MもUもAもよく笑うようになりました。」と話すOさん。

夜間保育所で過ごした親子、行事や人生の節目にひょっこりと顔を出してくれます。「ふと帰ろうかなと思うんです」とも言われました。子どもと保護者を支援する夜間保育所が『第二のおうち』になってくれたら、私たちにとってこんなにうれしいことはありません。

（さかい・はつえ　小倉北ふれあい保育所夜間部主任保育士）

第11章

夜間保育所、その就労支援のゆくえ
——交差する労働と、親の時間、保育士の時間

——萩原久美子——

第1節　夜間保育所の社会的包摂機能と「時間」

夜間保育所と聞いて、真っ先に思い浮かぶのは、夜間、深夜まで働く親や不規則な勤務で働く親とその日々の労働時間への対応ではないでしょうか。ところが、すでに30年以上の歴史をもつ夜間保育の実践に対し、今なお「親の育児放棄や長時間労働を助長する」「子どもの発達によくない」といった評価がなされることがあります。その多くは、夜間保育という実践が家庭における子どものあるべき生活や日々の生活リズムという「標準」とは異なること、「平均的」就業時間とは異なる深夜、夜間という時間帯に小さな子どもをもつ親が働くことへの疑念から発せられているといっていいでしょう。翻っていえば、社会一般が規範とする、子育てと労働の「時間」の固定観念に挑み、親の労働実態とその暮らしの葛藤を引き受ける、それが夜間保育所の歴史でした。

子育て中の親、とりわけ母親が長時間、しかも深夜に及ぶ不規則な時間に働く。その1日の労働「時間」に対し、夜間保育所はまずもって開所時間の夜間延長という方法で対応してきました。しかし、夜間保育所が向き合う「時間」はそれだけではありません。その家庭が子どもとの暮らしに必要な経済的基盤を安定させるまでの時間、子どもの健全な成長発達のための時間、親の長期的なキャリア展望に必要な時間……交差し、時にはぶつかりあう、それら親の時間と子どもの時間を1日、1か月、1年単位、さらにはまだみぬ将来に向けて調整しています。時に予測不可能な親の変化に即応しつつ、子どもたちの日々の生活のリズムを維持し、保育者と子ども、子ども同士の長期的で安定した人間関係をつくり出してきました。

また「標準」「平均」とは異なる時間を引き受けているからこそ、夜間保育所は産業・社会構造の変化をもっとも敏感に反映する場となってきました。その地域で働き暮らす親と子のニーズと困難をだれも気づかないうちからいち早く受け止め、目にみえる形で地域に発信してきたのです。利用者の半数が11時間以上の利用者であること、3割が生活保護あるいは住民税非課税世帯、ひとり親世帯が約4分の1を占めるという利用者実態（櫻井 2010）は子育て家族がおかれた今現在の厳しい生活・就労実態の縮図そのものであり、夜間保育所は地域の社会的包摂機能の試金石ともいえる存在となっています。

そうした地域の社会的包摂機能が保育者によってどのように生み出されているのか。夜間保育所が向き合ってきた働く親の「時間」からみえてくる課題とはどのようなものなのか。A保育園を事例にその一端をみてみたいと思います。

第2節　親の労働、親の時間

「夜勤、宿泊、明けで丸2日間、帰れない日があるんです、私。夫は隔週で出張なんですよ、月から金まで。そういうときはここしかありませんから」（助産師）

「1限目からすべての日に授業があるので午前7時41分の電車に飛び乗るんです。だから保育園には7時15分には来ています。今日なんかは学生指導とゲスト講師の接待、午後6時10分まで授業をして、次の日の準備、午後8時54分着の電車に乗って、9時までに保育園にお迎えダッシュ。子どもを夜10時までに寝かせるのが目標」（大学教員）

＊　　＊　　＊

調査時点（2012年春）現在のA保育園の定員は60人で在籍児童数は63人。利用者世帯の約4割がひとり親世帯（21世帯・うち父子一世帯）、A階層（生活保護世帯）5世帯、B階層（住民税非課税世帯）16世帯です。それに対し職員は園長、調理員3人を含め計37人（うち保育士22人、保育補助11人となっています。保育所利用時間で最も多いのが14時間、平均利用時間は12・5時間。

親の就労状況を業種別でみると、宿泊業・飲食サービス業が約30％、教育・学習支援業、医療・福祉、卸売小売がそれぞれ約10％で、その地域の産業別構成に比べると卸・小売（23％）、医療・福祉（15％）が少なく、飲食店・宿泊（11％）と教育・学習支援業（4％）が多いのが特徴です。

具体的にインタビューした20人をみると、大学教員、技術系の総合職キャリアの母親では拘束時間が長く、頻繁に残業・出張がくり返されていました。冒頭の母親のように、医療・介護の現場では長期的なキャリア形成やその管理的立場から、深・夜勤の勤務が不可欠なケースもあります。午後から夜間にかけて働く塾講師も多く、自宅での授業の準備や教室間の移動等でやはり実質的な労働時間は長く、夜勤・休日出勤も常態化していました。

また雇用されて働く15人のうち非正規雇用者が7人で、注目すべきは7人のうち4人が昼夜、あるいは夜間で2つ以上の仕事をかけもちして働いていたことです。さらに、これら4人を含め、ダブルワーク、トリプルワークの経験者はインタビュー対象者20人のうち7人にのぼっています。「以前は、3つ、仕事をかけもちしてたんです。昼間の事務（週3）、夜のラウンジ（週5日）、休みの日に自宅でネイルとエクステ」（事務）。そうした仕事を全部合わせても15～18万円の月収で、夜間の接客業を入れても月20万円程度という実態でした。

また母子家庭の場合にみられるのは、夜間保育所を再出発のきっかけとしていることです。いったん夜間の接客業に就くことで生活費の目途をつけ、その後、長時間の保育利用によって、夜間に働き昼間に就職活動をする、就労支援プログラムを受講するなどして、子どもとの生活を立て直していくパターンが見られます。特に離婚による心身の症状を伴うつらい時期に、傍目には「育児放棄」とすら誤解されかねないような宿泊利用、深夜のお迎えの時期を経ながら自立の足掛かりを見出していました。そのきっかけを生み出すのは保育園側と保育士による「待つ」という保育の時間です。「親は地道に子育てをしようとしている。保育士はその実感をもつこと。地域からも親からも子どもを離さない」という時間の確保でした。その時を経て母親たちはこう話します。

「ある日、お迎えの時間を寝過ごしてしまい、先生に本当に真剣に怒られたんです。それがきっかけでした。ケースワーカーさんに、パソコン、簿記の勉強させてくださいって」（生活保護受給から現在は福祉相談所職員）。

「離婚して、最後の最後の貯金で家借りたんで。その日にお金もらえるところ、夜、働き始めて。ゼロ歳の子ども預けられへんかったらどうやって生きていこう。そんな感じやったんです。ここがなかったら、居場所のない実家に戻るか、生活保護か。すごい、すごい助けられたんです」（来春、子どもが就学。昼間の事務アルバイト）。

「ラウンジで働いたらもっともらえるかもしれないけど、お迎えが午前1時になる。だんだん子どもの生活習慣が逆になるのはいけないと思うようになって」（事務職）。

第3節　保育が保育であるために――保育士の労働配置と時間――

「待つ」「今すぐ」「日常」というさまざまな時間に対応しながら、子どもの時間、親の時間を丸ごと引き受ける保育はどのように生み出されているのでしょうか。

通常、所定労働時間を超える業務体系をもつ職場では、交代で勤務する、あるいは勤務時間をずらすなどによって1日の作業量や業務に必要な人数を確保し、職場に配置します。週40時間労働を前提として人員を配置する場合、労働時間8時間の3組3交代制（休業日2日）、あるいは4組4交代制（休業日1日）が一般的です。保育所でも、現行の国基準の職員配置を下回らないという点だけで考えればこうした機械的な交代制シフトを組むことは難しくはありません。

しかし、A保育園の勤務シフト表は日勤・夜勤制をベースとしつつも、15分から30分刻みで出退時間が異なる勤務時間を継ぎ合せていく複雑なものとなっています。正規職員の9種類の出勤時間に、副主任、副園長の早番・遅番勤務、一時保育事業の勤務時間を加えると基本14種類あり、そこに非正規職員の保育士、保育補助の8種類の勤務時間（固定）が加わります。なぜこんな複雑なシフトを組む必要があるのでしょうか。それは登園時・降園時のピークの時間帯と午後2時前後から午後5時前後までの時間帯に正規職員の保育士を集中的に配置するためです（表11-1）。

表11-1　児童数と職員数の変動（時間帯別）

時間帯	7:00	7:30	8:00	8:30	9:00	9:30	10:00	10:30	11:00〜14:00	14:00〜20:00	21:00	22:00	23:00	0:00	1:00	2:00	3:00
							登園時間ピーク				降園時間ピーク						
0歳児	1	1	2	2	2	2	2	5	7	7	7	7	4	4	2	0	0
1歳児	0	0	0	2	2	6	6	7	12	12	12	8	6	6	5	3	2
2歳児	2	2	4	4	4	4	4	6	8	8	8	4	1	1	1	1	1
3歳児	3	4	4	6	6	8	8	9	14	14	14	5	5	5	4	3	1
4歳児	1	1	4	6	6	7	7	8	10	10	10	7	2	2	2	0	0
5歳児	1	3	4	4	4	7	7	9	12	12	12	8	3	3	2	0	0
（園児計）	8	11	18	24	24	34	34	44	63	63	63	39	21	21	16	7	4
正規職員	1	1	1	1	1	4	6	7	7〜12	7〜12	7	5	2	2	1	1	1
パート	2	3	5	5	5	5	6	6	3〜4	1〜2	1	−	−	−	−	−	−
深夜保育補助職員	1	1	1	1	−	−	−	−	−	−	1	1	1	1	1	1	1
（保育職員計）	4	5	6	6	6	9	12	13	10〜16	8〜14	9	6	3	3	2	2	2

＊園長，主任，副主任（計５人）をのぞく

「夜間の保護者の中には非常に困難を抱えておられる方や対応の難しい方がおられます。正規職員がコアの保育時間に責任をもち、正規職員が厚みをもって共有していなくてはならない。特にお迎えの時間は保護者が一番、ほっとしている時間。そこにいつもの顔をおきたい」（園長）。

親とのコミュニケーション。いつもの顔ぶれで一緒に食事をし、いつもの先生と仲間と活動を共有する。子どもたちが目標をもって集団活動をやりとげる達成感。クラス担任との会議の時間の確保。そうした目的以上に重要なのは、お迎えの時間が保育士が夜間保育の意味と保育士としてのプライド、やりがいを確認する時間になっていることです。

「保育士にとっての夜間保育の一番のしんどさは、これが果たして保育なのか、という葛藤です。だからこそ、お迎えの時に子どもと親が見せる姿、表情は保育士にとっても喜び。その時間を大切にしたい」と園長は話します。若い保育士もこう言います。「葛藤します。こんな長い時間本当にいいのか。でも、保護者の方も困っておられるだろうとか。やっぱり、ここまでお願いされてばっかりでいいのかとか。でもお迎えの時、保護者の方が本当に疲れ切って帰ってきて、子どもを迎えに来た時に本当にいい顔で。疲れてても、子どもの顔を見て、はあって感じで。そんなお迎えに来られる姿を見たら、よかった、この子がこうやって1日元気で過ごせるように頑張ったこと、それで保護者の方が安心して働けるなら、それが自分にとって大事なことだと」。

複雑な勤務シフトのわずかな「のりしろ」を重ねあわせながら、さまざまに交差する時間を「ほっとする瞬間」に向けて編みあげていく保育の時間。そんな風に親の就労を親子の暮らしに不可分に組み込まれた営みとして受けとめる保育空間が、親を何より安心させているのです。

「先生がね、玄関のところにおってくれたらそれでいい。先生が何も言わないうちは大丈夫なんやと」（塾講師）。「どうしてもつらくて、園長先生にお話を聞いてもらったこともあって。あの時、なんかもう玄関で泣き崩れてしまって。園長先生の顔が見えたからか、もうどうしようもなく」（設計パート）。

しかし、この保育は日本の保育制度における国際的に見ても低い職員の配置基準と「原則保育時間8時間」を前提としつつ11時間保育の実施を求めてきた貧しい運営費を基礎として、絞り出すようにして生み出されているものです。国と地方自治体の財政難を理由として、２０００年代以降、保育現場の正規職員を大幅に増やせない予算措置が継続される中で、このような保育者の高い職業意識によって地域の社会的包摂機能がかろうじて支えられてきたといっても過言ではありません。その矛盾をなお保育者のやる気や夜間保育所の保育の課題に差し戻すことはいうまでもなく、もはや限界です。

むしろ、夜間保育所から今後、発するべきは、これまでみてきたような保育「時間」と保育「労働」を政策や社会全体が正当に評価してきたのか、という点です。「標準」「平均」ではない時間を生きる現代家族の就労と暮らしの実態を特殊なものとして国や社会が放置しているのではないかという議論ではないでしょうか。

第４節　「就労支援」のゆくえ

夜間保育園連盟が設立された30年前に比べ、親の労働「時間」は業種を超えてよりいっそう複雑化しています。労働時間の長短ではなく業績や成果で「労働」をとらえる、みなし労働や裁量労働制の拡大。１日約8時間働くフルタイムパートだけでなく、24時間オンデマンドの消費経済を支えるための、１日たった数時間のみ働く細切れパートや深夜勤務シフトの常態化。在宅での単発の業

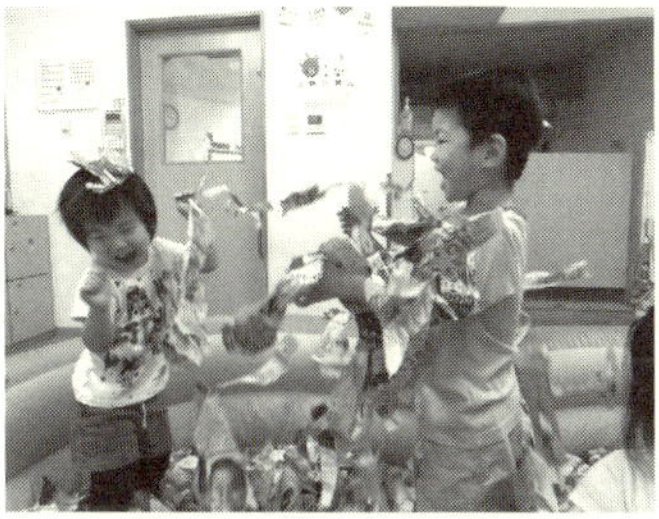

お兄ちゃん、やめてよ～

こたつでホッコリ読み聞かせ

今日はじめてサッカーをしました

務請負、必要な時に呼び出されるオンコールワーカー。そうした1日8時間という労働時間という枠にはまらない「労働」が増えています。その渦中で子育てをする親の「時間」と、子どもの「時間」との葛藤はさらに深刻化しています。

　このような時間と雇用労働の脱標準化の傾向が今後もさらに強まることは必至です。雇用・労働政策はポスト工業社会のサービス産業化とグローバルな高度知識社会への対応として、その是非はともかく、よりいっそう労働時間の、「柔軟化」と雇用形態の「多様化」を進めているからです。その中でさらに夜間保育所の苦悩は深まるのではないかという危惧があります。というのも、この雇用・労働政策の流れとは逆に、保育の新制度は就労時間によって保育時間を一律に長時間と短時間とに区分することを「柔軟化」とし、就労時間で保育必要量を区分するという、時計の針を逆戻しにするような方向に向かっているからです。現在は夜間保育所で柔軟に対応できている管理・専門職に就く親のみなし労働や裁量労働制、あるいは「言われたらシフトに入る」「納期にあわせて」という形での不定型な就労実態に対し、新制度は逆に制限的な対応になる可能性があるばかりか、就労時間の区分によって切迫した潜在的ニーズが排除される危険をはらみます。

「標準」「平均的」ではない時間への対応から出発した夜間保育所はそれゆえに「親の働く時間にあわせて保育時間は何時間必要か。何時間が適切か」といった議論では片づかない、親の「就労」のもつ意味と葛藤にもっとも真剣に向き合ってきました。その意味で、夜間保育所の保育実践と歴史は世界的な趨勢となっている家族の変動とグローバル経済のもとでの労働の不安定化に対し、保育の意義、保育士の労働がもつ意味の大きさを問いかける世界的にも貴重な事例となったはずでした。その価値が社会的に十分認知されないまま、今後「制度」としての夜間保育所の行方は不透明になっていくのでしょうか。さまざまに交差する親の時間と子どもの時間をその地域で育ち暮らす家族の時間として紡ぎ出してきた保育の時間の蓄積。そこから、やりがいと意味ある労働を実感できる社会への一歩を再度見出したいと思います。

はぎわら・くみこ（下関市立大学経済学部教授）

〈引用・参考文献〉

櫻井慶一　２０１０年度全国夜間保育利用者調査―現状と課題　夜間保育園連盟　2010
萩原久美子　保育所最低基準の自治体裁量と保育労働への影響―夜間保育所の勤務シフト表を糸口に　自治総研　412, 49-69, 2013

コラム8

親と子の実態からつくる保育

（堀江京子）

共同保育所での夜間保育開始：〝かけこみ寺〟

かわらまち夜間保育園は１９８９（平成元）年４月に開園し25年目を迎えています。前身である瓦町共同保育所の立ち退き問題を契機に、ベビーホテルの悲惨な実態をみて、８年間の認可運動を経てのスタートでした。夜間保育を開始したのは１９８６（昭和61）年６月、共同保育所で深夜１時まで実施。家を飛び出してきて、母子で保育所に１か月以上も寝泊まりした家庭、私生児をかかえた16歳のお母さん等々、保育所はまさに〝かけこみ寺〟、毎日がドラマのようでした。共同保育所での３年間の夜間保育は、それまで出会ったことがない人たちとの出会いであり、子どもを丸ごとつかむことの大変さと重要さ、厳しい生活の中で父母の子どもに寄せる思いなど学ばされることがいっぱいでした。保育という専門家の手を必要としているのはまさに夜間保育の子どもたちであり、保育は子どもの福祉であると思い知らされたことでした。この時の経験がその後の保育に生かされていると思います。

１人の声から制度へ：延長保育、休日保育、夜間学童保育

父母の働き方や子どもの実態から始まり、みんなで行政に向けて働きかけ、誕生した私たちの保育園です。制度がない中で実践し、切り拓いてきた歴史があります。認可当初14時からだった開所時間も、その３年後にできた延長保育の制度が少しずつ充実し、今では朝７時から深夜１時まで保障されています。

休日保育はデパート関係の人や美容師、飲食店関係者から要望があり、「日祝日保育を考える会」を立ち上げて検討を重ね、２００１（平成13）年10月に日祝日保育を開始。決して余裕がある保育体制ではないため、父母も含めて喧々諤々の討議を経て、正規職員を１名増員してのスタートでした。市の休日保育制度はその５年後にようやく始まり、４か所のうちの一つに指定されました。休日保育は今市内のすべての区、16か所で実施されています。ただし、市の制度は８時から18時まで。私たちは夜間の要望

に目をつむるわけにはいかず、18時以降24時までは自主事業で実施しています。

卒園した父母たちが一番困っていたのは学童保育です。隣の区の学童保育所に通っていたが続かず、祖母を呼び寄せることになった家庭や、夜母親のお店の近くで遊んでいるうちに行方不明になって探し回ったケースもあり、切実でした。その年に卒園をする家庭を中心に地域の学童保育所作り。マンションの2階の空室を借りることができました。しかし補助金制度が適応されたのは3年後のことでした。今「げんきっこクラブ学童保育所」は20名ほどが在籍し、かわらまちからは歩いて3分ほどの所にあって、夕食の提供と、夜21時30分以降の場所の提供を行っています。しかしまだ夜間学童保育への公的補助制度は実現していません。

1～5歳児の縦割り保育の中で育ち合う

２０１１（平成23）年7月、待機児対策として40名定員の昼間園を併設、夜間園は定員20名としました。翌年４月に0歳児は昼夜間合同で１クラス、１～5歳児を昼間園で２クラス、夜間園で１クラスの縦割りクラス編成としました。１～5歳の縦割り保育は、5年間毎週1回の試行を重ねながら検討してきたもので、分割化によって子どもの保育時間帯によってのクラス編成が可能になったのです。朝から夜間に及ぶ超長時間保育の子どもたちにとって、一日の大半を過ごす生活の場であり、一人ひとりがのびのびと安心して過ごせる保育のあり方を考えてきました。乳児と幼児がきょうだいのようにかかわる中で、年齢ごとの発達段階にとらわれない、一人ひとりの丸ごとの姿として受けとめられる関係や、頼られたりあてにされたり、主体的に生活することによって育ち合うものは大きいと感じています。大人も子どももひとりの人としてかかわりながら、子どもたちの実態から創っていく保育、子どもだけでなく、職員も親も主人公になれる、そんな保育園でありたいと思っています。

（ほりえ・きょうこ　かわらまち夜間保育園園長）

第12章 夜間保育と社会的養護

―山縣文治―

第1節 四半世紀前の出来事

「ごめん、遅くなって。帰ろうか」

「だめ。もうちょっと、お話を聞いてから」

夜8時過ぎ、保育所に子どもを迎えに行った。娘は保育士[1]の読んでいる絵本に夢中のようで、帰りたがらない。少しの時間であるし、その場の雰囲気を壊しても申し訳ないので、部屋の隅で様子をみていた。

保育士が絵本を読んでいる光景は、保育所ではきわめて日常的である。しかし、何か様子が違う。ぼんやり考えていると、2つのことに気づいた。

第一は、保育士の周りを取り巻く子どもの数が5～6人にすぎないということである。「この時間帯まで利用する家庭は確かに多くないよね」。答えは、その一言である。当時、夜間保育所のほとんどが、定員30人程度であり、その中で8時を過ぎても、集団の絵本活動になじむ子は、そんなに多くなかった。

第二は、保育士が、親が読むように自分の方に向けて本を開き、子どもは保育士の肩越しにみたり、膝に座ってみたりしていたことである。私が日常的にみていた行動は、まさに「絵本の読み聞かせ」であり、今、目の前に展開しているのは「絵本を一緒に読んでいる」姿であった。これが、小集団のよさであり、日常的に夜間保育の場面で起こっているできごとなのだと感じた次第である。

私的なことで恐縮であるが、私たちには2人の子どもがいる。夜間保育所の正規の利用者ではないが、偶然お世話になっていた保育所が、利用中に夜間保育所を開設されることになった。妻の体調不良や、子どもの一方が入院等をして、時間までのお迎えが難しい状況などの際、保育所に無理をお願いしていた。本章のテーマとの関係でいうなら、さしずめ、社会的養護サービスのうちのトワイライトステイ（児童夜間養護事業）的な利用ということになろう。夜間保育の側からみると、夜間の一時保育ということになろうか[2]。

私にとっての夜間保育は、単なる研究あるいはソーシャルアクションの対象ではなく、子どもが小さいころの生活を支えてくれた生活資源であり、社会的養護問題の深刻化を予防する社会資源であった。

第2節　夜間保育の制度化と社会的養護との乖離

１９７８年に大学を卒業し、児童養護施設の児童指導員の仕事をしていた。ちょうどその頃、世間ではベビーホテル問題が話題となり、本著にも寄稿しておられる堂本暁子さんの取材映像や、編者である櫻井慶一先生の文献などに目を通していた。

私が働いていた児童養護施設には、乳児院や保育所も、同一敷地内に併設されていた。乳児院長を兼任していた法人理事長の金戸先生（全国夜間保育園連盟第2代会長）が、ある時、こう言われた。

「ベビーホテル問題に関連して、自分たちにできることは何かないか」

この一言が、私が夜間保育にかかわるきっかけとなった。全国夜間保育所連盟の発足の端緒になった、夜間保育の調査も実施させていただいた。その際、当時認可されていた7つの夜間保育所も、すべて視察させていただいた。[3]

ベビーホテル問題に対応するものとして、厚生労働省は、１９８１（昭和56）年、図12-1に示すような多様な対応策を開始した。[4] 夜間保育は、「夜間保育の実施について」（児発第６３５号通知、１９８１年）に基づき、モデル事業として実施されたもので、実施形態としては、①夜間保育所の単独設置型、②昼間保育所への夜間保育所の併設型、③昼間保育所の延長保育としての夜間保育児

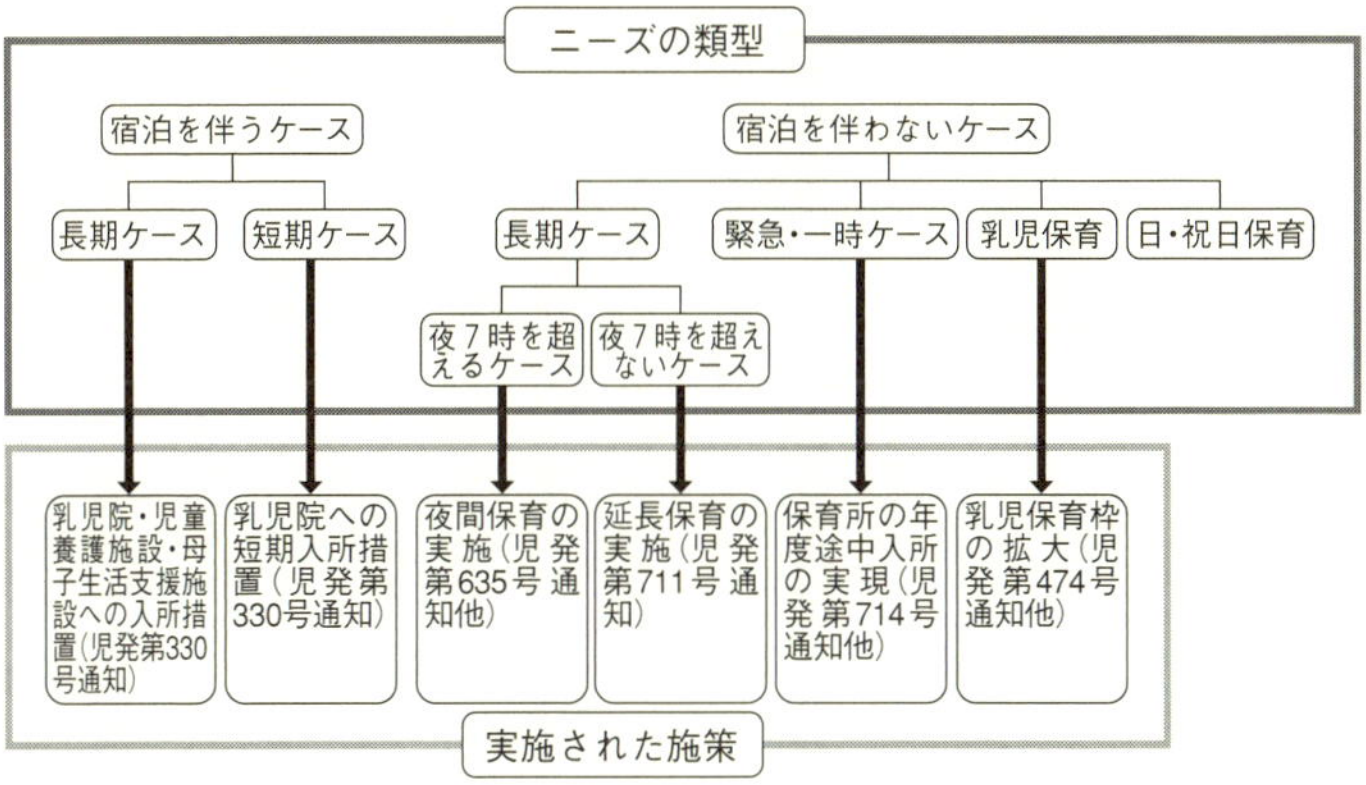

図12-1　ベビーホテル対策と保育ニーズ（山縣，1983bを一部改変）

の受け入れ、の3類型が想定されていた。モデル事業としての実施ということもあり、夜間保育固有の単価は認められず、小規模保育単価が援用されるというのが当時の状況であった。その後、加算という形ではあるが、一部夜間保育固有の単価が認められ、[5] ①と②の類型が夜間保育所となり、③の類型は、延長保育制度の拡充もあり、事実上、延長保育に吸収されていった。[6]

ベビーホテルはあくまでも認可外の事業であり、当時は、制度的な拘束や事業に関する管轄はなかった。しかしながら、公的制度となると、制度的根拠、制度内容、管轄する部署などを事実上特定することが求められる。図12-1に示しているように、ベビーホテルのニーズは、宿泊を伴うものと宿泊を伴わないものの、大きく2つに分けることができる。

制度は、国レベルでいうと、前者を社会的養護ニーズとして育成課（現在は家庭福祉課）、後者を保育ニーズとして母子福祉課（現在は保育課）に位置づけることになる。すなわち、連続したニーズが、所管課の相違によって、不連続なニーズとしてとらえられることになってしまったということである。その結果、夜間保育についていうと、夜間に子どもが家庭以外の場で「保育」を受けている制度、すなわち、保育制度としての意味合いを強くしていった。逆にいうと、「夜間」に利用せざるを得ない家庭状況という視点が、副次的に位置づけられてしまったということである。しかも、圧倒的多数を占める昼間保育所の側からみると、例外的あるいはできるだけ利用を避けるべき保育制度という見方になってしまっている。

一方、地方自治体でみると、社会的養護は都道府県が管轄し、保育は市町村が管轄するという、国の所管以上に大きな分断が行われることになる。市町村からみると、夜間保育は、あくまでも保育の制度の一つであり、社会的養護との関係は薄い制度ということになる[7]。社会的養護の側からみると、夜間保育は、予防的事業あるいは社会的養護の入り口の事業と位置づけられるものであるが、管轄する自治体の違い、保育制度としての色彩の強さという二重の意味で、情報が届きにくくなってしまった社会的養護関係者には、夜間保育と社会的養護の連続性という視点が十分理解されない状況となってしまった。

第3節　夜間保育とその利用者の特性

夜間保育の利用者あるいは夜間保育現場については、さまざまな誤解がある。とりわけ、子どもの育ちについてはマイナスイメージで語られることが少なくないが、この点については、安梅勅江先生が、本著の他章で、一般的な言説を打ち消す科学的なデータを示しておられる。ここでは、私自身がこれまでかかわってきた経験のなかから、昼間保育とは異なる夜間保育利用者、あるいは夜間保育そのものの特性を、5つのトピックというかたちで紹介する。

1．一日2食を保育所で食べる生活

保育所の開所時間は、運営費の支払い上は11時間が想定されていると解されている。[8] 開所時間帯の指定はないが、夜間保育所についてのみ、「おおむね11時から22時」という開所時間帯が示されている。夜間保育所におけるこの開所時間帯は、一般的な子どもたちの生活時間でいうと、一日2食を保育所で食べるということを意味する。

昼間保育の場合も、長時間化が進んでおり、お迎え時間が夕方6時以降というものも増えているが、それでも晩ご飯を保育所で食べるものは原則いない。せいぜい、必要に応じて補食程度が提供

されるにすぎない。

しかしながら、2食を食べるということは子どもの栄養面では大きな意味をもっている。一般家庭において食事の課題が大きくなっているなかで、栄養と量が管理された食事2食が確実に保障される状況にあるということである。

2．寝かせる保育

子どもにとって睡眠は、睡眠時間だけでなく、就寝時刻の面からも、大人以上に大きな意味をもつ。睡眠の確保は夜間保育にとって、昼間保育にはない大きな課題である。保育士養成課程で学ぶ睡眠は、午睡のあり方であり、いわゆる睡眠は、家庭の問題ということになる。養成課程では、長時間保育については学習するが、これは事実上、延長保育のことであり、夜間保育に触れられることはまずない。

夜間保育の担当になった保育士の戸惑いのひとつが、ここにある。すなわち、養成課程でイメージする保育は、「保育士が、直接、間接に働きかける動的なもの」、換言すれば「何かをする」ものであるが、夜間保育の場合、「寝かせる」という保育、誤解を恐れずに言えば「何もしない」ということが重要ということである。新人保育士の交流会で「晩ご飯のあと、どのような保育をすればいいのか迷っています。寝かせてばかりでいいのか不安です」という声を聞いたことがある。これに対して、「家でも、ご飯を食べたら、ゆっくりしているでしょ。それでいいのよ」と先輩保育士は声をかけていた。

3. 激変する生活時間

夜間保育利用中は、その時間に合わせた生活が営まれているが、小学校に入ると、少なくとも子どもの生活時間は激変する。朝は7時台にはご飯を食べ、8時前後には登校する必要がある。学校が終了すると、放課後児童クラブ（学童保育）を利用することになるが、6時くらいまでのところが多く、8時以降も対応しているものは少ない。

とりわけ放課後問題は、昼間保育所利用者にとっても大きな課題であるが、夜間保育の利用者には、さらに大きな課題としてのしかかる。夜間の学童保育はきわめて限られている。夜間対応の学童保育は、夜間保育所を含め、多くの場合、学校以外の場で展開されており、少なくとも学校から夜間学童保育の場への移動に課題が残る。

4. 利用者の生活の多様化

夜間保育を利用する家庭は、昼間保育利用家庭に比べると、生活基盤が脆弱な場合が多いというイメージが一般にはある。それは、ひとり親家庭率、保護者の就労環境、収入、学歴などに現れる。

たとえば、ひとり親家庭率についてみると、夜間保育が制度化された頃の全国調査ではこれが3割を超えている。この数字は、今でも大きな変化はない。私が訪問した保育園では、8割がひとり親家庭というところさえあった。当時の昼間保育所のデータが、5%程度であったので、かなりの違いである。

ただし、最近では、両者の差が縮まりつつある。夜間保育は、もともと入所施設利用との境界あたりまでしか対応できないため、さらなる不安定化にはなりにくい。加えて、昼間就労者の労働時間の多様化に伴う昼間保育延長型の利用者が増えてきているため、むしろ平均値としては安定化という傾向さえみられる。これに対して、昼間保育利用者は、長引く不況、離婚や未婚家庭の増加、外国人利用者の増加などで、かつてに比べ、むしろ不安定化している。ひとり親家庭率も1割を超えているといわれているし、地域によってはこれが3割を超えるところもある。

5．夜間保育の二極化

利用者の多様化は結果として、夜間保育所の二極化を招くこととなった。もともと、22時以降の保育時間は、ベビーホテル問題の一部には対応できなかったものであり、図12‐1にかかわって解説したように、引き続きベビーホテルなどの認可外保育施設が対応していた。この領域への対応を、延長保育によって強化した夜間保育所は、より深夜化し、前項で示したような不安定生活者層の利用が中心となっていった。

一方、22時以降への延長に踏み切らなかった夜間保育所は、実際には20時台で多くの子どもたちが降園することになり、勤務時間が若干遅くなりがちな第3次産業や専門職者中心の利用となり、昼間保育所の長時間延長という色彩を強めていった。保育終了時間が19時までという昼間保育所が多くなると、両者の連続性が強くなっただけではなく、19時以降の延長保育利用者と夜間保育利用者の生活像の差は、さらに縮まっていった。

第4節　社会的養護ニーズへの対応としての夜間保育

夜間保育が制度化されるきっかけは、既述のようにベビーホテル問題への対応にあった。その対応策は、社会的養護施策と保育施策の双方で総合的に図られた。しかしながら、行政構造の違いが両者の総合性・連続性を失わせ、結果として、保育施策として位置づけられた夜間保育の、社会的養護性を低くしてしまった。このような分断は、あくまでも制度上の問題であり、利用者の質的連続性あるいは共存は今でも続いている。

前項では、昼間保育との比較で、夜間保育や夜間保育所利用者の特性を示したが、この特性のなかに、社会的養護との関連性を垣間見ることができる。これを図式化すると、図12-2のようになる。

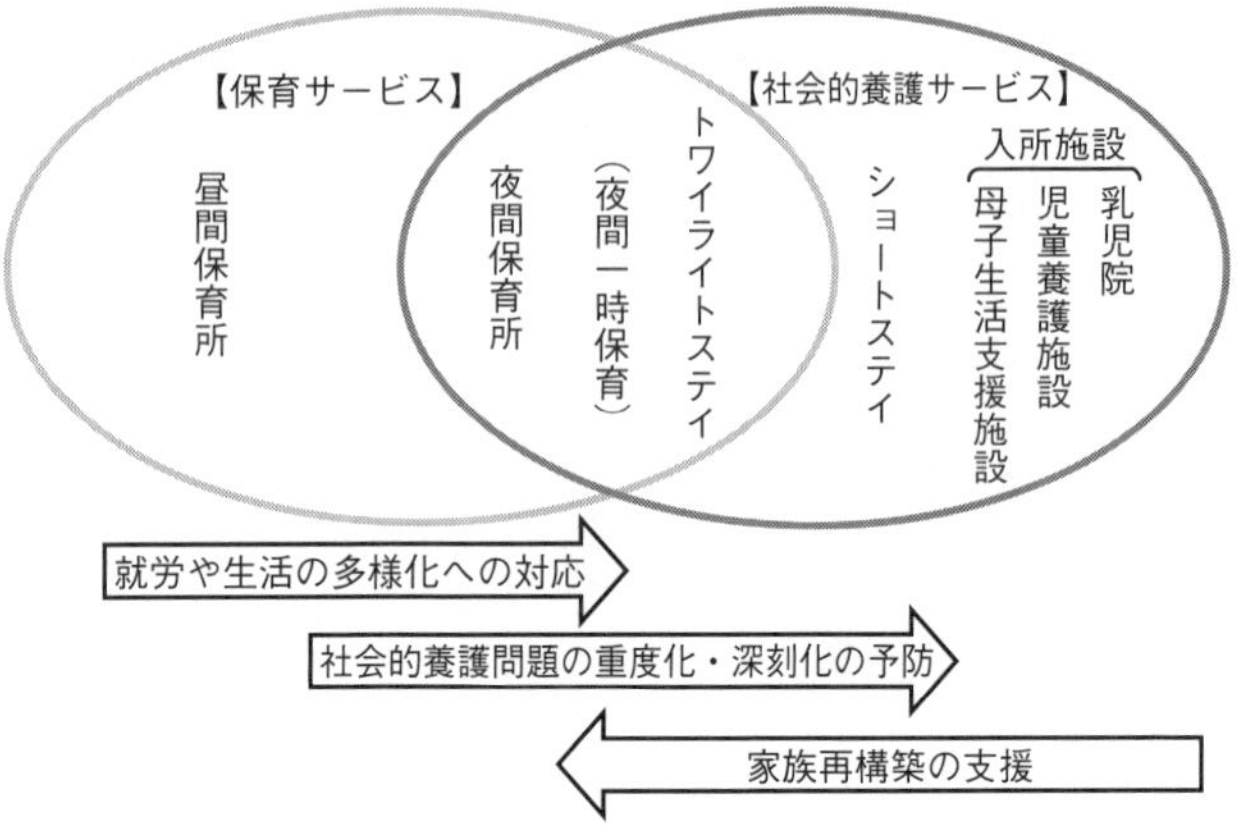

図12-2　夜間保育と社会的養護の連続性

夜間保育の利用者層の第一は、就労の夜間化・深夜化によるものである。この層は、昼間保育の時間延長として利用しているものが多く、社会的養護性は高くない。全体としては、夜間保育所においてもこのような利用形態が増えており、社会的養護性の高い人の枠も、この層が浸食しつつある。その結果、認可外保育施設も減少しないことになる。

第二の利用者層は、社会的養護との境界により近い生活をしているもので、夜間保育所が、社会的養護ニーズの重度化・深刻化の予防的機能を果たしているといえる。とりわけ、深夜保育の利用者、夜間就労をしているひとり親世帯などではこのような傾向が強い。すなわち、夜間保育所がなければ、認可外保育施設あるいは入所施設の利用の可能性がある人たちである。

第5節　おわりに

冒頭で示したように、私にとっては、夜間保育は社会的養護問題の深刻化の予防事業として重要な意味をもっていた。日常的に夜間保育を利用していた方々の中には、同様の意味合い、あるいはもっと深刻な社会的養護問題に近い方もあったはずである。しかしながら、くり返し示してきたように、これが「保育」として分類されたため、社会的養護施策としての側面は薄れていった。

図12-2に示すように、利用者次元でみると、両者は関連している。ただし、前項で示したように、夜間保育の側からは、社会的養護がある程度見通すことができても、社会的養護制度の側からはほとんどみえていない。社会的養護関係者が意識している子育て短期支援事業（ショートステイ、トワイライトステイ）の一部は、明らかに夜間保育所でも対応が可能な状況にある。また、社会的養護の課題となっている、家族再構築という視点からは、夜間保育は重要な支援資源のひとつと位置づけることができる。

現在、策定が進められている市町村子ども・子育て支援事業計画においては、再度、原点に返り、両者の連続性が確保されることを期待するものである。

やまがた・ふみはる（関西大学人間健康学部教授）

〈注・参考文献〉

(1)保母という名称は、１９９９(平成11)年の制度改正で保育士となった。以下、制度等が現在の名称と異なる場合、特に必要がある場合を除き、現在の名称を用いる。

(2)昼間保育所を含め、当時は、一時保育事業はなかった。一時保育事業が制度化されたのは、１９９０(平成２)年のことである。制度化当初は、非定形的保育と緊急保育の２類型があり、後者の類型のなかに、社会的養護ニーズの一部が入り込んでいた。

(3)山縣文治　全国夜間保育所実態調査報告書　四恩学園　1983

(4)図12-1のうち、対応策が示されていない「日・祝日保育」については、１９９９年、試行事業として始まり、翌年より、保育対策促進事業の一類型として制度化された。また、ベビーホテル問題への対応としては、その後、「ベビーホテル問題への積極的な取組について」(雇児発第１７８号通知、２００１年)で、保育と社会的養護の両方の枠組みからの積極的な推進が図られている。

(5)夜間保育所がモデル事業から脱却したのは、「夜間保育所の設置認可等について」(児発第17号通知、１９９５年)による。

(6)夜間保育所の制度展開や、初期の状況(施設、職員、利用者)については、下記の文献を参照されたい。

山縣文治　乳児院の新しい動き—３３０号通知をめぐって　社会福祉論集　大阪市立大学社会福祉学研究会　19, 20, 1983a

山縣文治　ベビーホテル対策をめぐる評価—夜間保育所を中心として　社会福祉学　日本社会福祉学会　24(2), 1983b

山縣文治　夜間保育所保母の生活と養成上の課題—昼間保育所保母との比較検討　大阪市立大学生活科学部紀

要　35, 1987

山縣文治　夜間保育所の実態と課題　保育年報　全国社会福祉協議会　1988

山縣文治　夜間保育の深夜化　大阪市立大学生活科学部紀要　36, 1988

山縣文治・笠原幸子・崔英信　夜間保育所の新たな課題―第３回全国夜間保育所実態調査より　大阪市立大学生活科学部紀要　45, 1997

（7）社会的養護に関わる事業のうち、１９９０年に制度化された子育て短期支援事業（短期入所生活援助「ショートステイ」、児童夜間養護「トワイライトステイ」）は、市町村が管轄している。さらに、児童福祉法改正（２００３年）により、子ども家庭福祉相談の第一義的窓口が市町村になるとともに、子ども虐待の通告機関の第一に市町村が規定されたことなどにより、かつてに比べると理解は進んでいる。

（8）保育所の開所時間については、「一日につき8時間を原則とし、その地方における乳幼児の保護者の労働時間その他家庭の状況等を考慮して、保育所の長がこれを定める」（児童福祉施設の設備及び運営に関する基準）とされているが、「保育対策等促進事業の実施について」（雇児発第０６０９００１号通知、２００８年）の延長保育促進事業実施要綱には、延長保育推進事業（基本分）の定義として、「11時間の開所時間の始期及び終期前後の保育需要への対応の推進を図る事業」とあり、運営費の支払い上は11時間と解されている。

コラム 9

制度改革とこれからの夜間保育の運営
——「それでもただひたすらに続けるのみ」

（小笠原文孝）

長きにわたって政府が、保育の「直接利用契約制度」の導入に拘泥したのは、保育サービスの硬直性と待機児童解消のためでした。

現行制度では、施設への補助（機関補助）となっていることが、競争のないサービスを創出し、さらに補助金による使途規制と施設への過度の行政関与がサービスの柔軟性を奪っているということです。

その一例に夜間保育の需要は都市部に限らず全国的に散見されるにもかかわらず一向に伸展しない実情から、その背景に「労多くして益少なし」という現状保育制度の硬直性への批判がありました。

そこで、「直接利用契約制度」への移行は、営利をともない、保護者へ補助（代理受領制度）となるため、医療や介護のように真に利用者の需要に応えることができ、顧客満足度も高まるというものです。

つまり、改革は、行政の縛りをなくし、「人・物・金」等の資源が無駄なく効率的に配分できるといわれています。

補助金によって規制をかけている多くの他の分野でも、改革が行われてきましたが、しかし結果は、利用者満足度の評価よりも、その分野で就労する人の所得格差を生み、地域間格差も生まれ、公平な所得がなされていないとの評価があります。

また、「認定こども園」という学校教育上の教育施設と「夜間保育園」という児童福祉施設との区分けが、社会に明らかになるだけに、今後どのようにそれが地域に映るでしょうか。差別や偏見が起きないという保障はありません。

夜間保育園を利用する多くの家庭は、都市部と違って地方では「ひとり親」が多く、日々の生活にも汲々としており、保育料は低額とはいえ、滞ることは常です。

このような社会的に不利な立場にある人たちに、「生活保護制度を利用すれば、無理して夜間の時間帯で就労する必要もなく、昼間の保育園をできる」という人もいます。

しかし、夜間保育園を利用している「ひとり親家庭」を夜間保育連盟が敬服するひとつに「生活保護費をもらわないで自分の力で得たわずかな収入と保育園の支援で、子どもを育てることがわが子への誇りとなる」とほとんどの親が異口同音に言われることです。

いま、日本には、「ひとり親」が１２２万人（父子世帯が17万３０００世帯）いて、「貧困のひとり親」が54％を占めるといわれています。

無保険者が３万３０００人。年収２百万円以下が２２００万人というから、３人に１人がワーキングプアです。

「子どもの貧困」の著者、阿部彩氏は保育園では、貧困世帯と富裕世帯の児童が渾然一体であそびや仲間をつくっており、社会的にも差別のない、スティグマをも生じさせないと訴えています。

利用者の中には「超長時間保育」と「ひとり親」、「貧困」という共通のテーマをもっており、親の機嫌如何によって、養護施設への転入が起きるのでは、と肝を冷やす経験もあり、夜間保育事業は、養護施設と昼間保育園の隙間を埋める中間施設ではないかと感じることさえあります。

「認定こども園」への移行は、行政監視が弱まるため、たとえば、給食の栄養管理や無軌道な利用人員増など、たとえ今は良識をもって運営している管理者であっても今後モラルハザードは起こりうると考えられます。この書籍が発刊される頃には「夜間保育園」といえども「認定こども園」の範疇になっているかもしれません。

しかし、「夜間保育園」においては、今後も社会的に弱い立場の家庭を救っていくという「うぬぼれ」とささやかなりとも人様のためにお役に立っているという福祉の心を忘れず、今と変わらぬ夜間保育を淡々と続けていくことこそが夜間保育連盟や私どもの使命ではないかと思うのです。

（おがさわら・ふみたか　よいこのもり第２保育園前園長）

第13章 夜間保育園の今後の課題と展望
——利用者調査を参考に

—— 櫻井慶一 ——

第1節 今後の夜間保育園制度への2つの懸念

本書はここまでで夜間保育園の現状や実践、歴史等をさまざまな角度から検討してきました。本書の最後に編者という立場ではなく、筆者も加わって夜間保育園連盟が実施した『利用者調査』（本書末の資料編参照）等の現状を参考に、保育園についての一研究者の立場から夜間保育園（連盟）の「今後の課題や展望」を簡単に考察しておきたいと思います。

夜間保育園の今後を展望した時、現時点（平成25年10月）で筆者には2点の大きな不安があります。その第一は制度的な問題です。今回の国の「子ども・子育て会議」の検討過程では、従来は「早朝・夜間・休日」とセットで議論されることが多かった夜間保育園が、中途から多様な保育ニーズへの対応という視点に基づき、「延長・夜間」という従来とは違った組み合わせでも論議されています。

こうした背景には、一般の昼間の保育園でも保育時間が長くなり夜8時を超えて夜間10時頃まで開園している保育園が増えているということがあると考えられますが、昼間保育園も併設している夜間保育園では、重なる部分は昼間保育園にその部分が吸収され、そこからはみ出る分は夜間保育園という特別なものではなく「延長保育」の一部として一般化されようとしているように感じられます。

この結果は、これまでの夜間保育園に特別配慮された国による夜間保育推進事業費のような特別加算等は近い将来には縮小されたりなくなる可能性も示唆し、夜間単立の保育園（昼間保育園と併設されていない夜間保育園）では経営をさらに困難にします。また、併設園型の場合でも延長保育の自己負担分の保育料がさらに高くなる恐れがあり、そのことが、低所得の母子家庭などの利用を排除し、子どもたちを再び劣悪な保育環境のベビーホテルや家庭に放置するという悲惨な結果につながらないかが心配されます。

第二には、第一の課題とも関連しますが、夜間保育園の保育実践面（内容や機能）での問題です。本書はここまでで、これまでの夜間保育園の実践内容が、家庭機能を補う質の高いものであるということ、夜間保育園には子どもの発達保障上の問題はなく、むしろ追跡調査によりそこを卒園した子どもたちが、他者への「思いやり」の深さなど、成長後の好ましい結果も生じていることを明らかにしています。しかし、そうした望ましい結果は関係者の子どもたちとの丁寧なかかわりと家庭との深い「信頼関係」があって初めて得られたものであり、そうした実践を可能にした家庭的で小規模な保育園でも経営できたという特性に規定されたものと考えられます。こうした実践は、２０１５（平成27）年度からの「新子育て支援システム」での幼保連携型認定こども園での狭義の「教育」重視の方向とは重ならないように思われます。

近年の「特別な配慮を要する児童」の増大とそのことへの適切なケアの必要性は、今日のすべての保育施設に共通する重要な課題です。保護者の就労支援機能や家庭（生活）支援機能においても常にその先駆的な役割を果たしてきた夜間保育園が、これからもその役割を担えるのかがあらためて問われています。

第２節　夜間保育園の現状と課題─利用者調査結果を参考に─

1．昼間保育園の保育時間の長時間化と夜間保育（園）の関係

全国夜間保育園連盟の加入園は２０１１（平成23）年７月時点でわずか63園です（厚生労働省の資料では同時点で全国に77園の夜間保育園があります）。ところが夜間保育園を保育時間だけの問題としてみれば、一般的な夜間の時間帯の保育とされる20時を超えて22時頃まで開所している昼間の認可保育園は２０１０（平成22）年10月時点で全国にはすでに５４５園（公営42、私営５０３）

もあります（「社会福祉施設等調査報告」）。２００１（平成13）年には１８８園（公営14、私営１７４）でしたのでこの10年間で3倍近い急激な増加です。こうした背景が、前述のような夜間保育を延長保育の一形態とみなす「一般化」議論につながってくる一因だと思われます。さらに必要に迫られ、それらの保育園に加えて大都市を中心にトワイライトステイ、子ども家庭支援センター、ファミリーサポートセンター事業などが、その代替機能を果たすようになってきています。夜間保育ニーズは高まっているのです。

夜間保育園は、制度上では午前11時開所、午後10時までの最低11時間の保育を保障し、そこにおける2回の完全給食（昼食、夕食）や、時には入浴サービスまでも提供する特別な保育施設と理解されています。しかし、実際にその運営をみると、表13-1のように、保育時間は午前中および午後の延長保育を組み合わせ、24時間の保育を含めすべての園が15時間以上の保育を実施しています。

もちろん、すべての利用者が、毎日これだけの時間をフルに利用しているわけではありません。次の表13-2にあるように、ある日だけを取り上げれば、夕食を済ませ午後8時頃までに降園する子どもたちが半数近いことも事実です。しかし、表13-2にみられるように、長時間になればなるほど母子家庭などの利用者割合が増え、その果たしている役割はより「養護」性の高いものであることがわかります。また、夜8時ごろまでに降園する家庭であっても、必要に応じて週に何回かは保障された保育時間をフルに活用している家庭が多く、夕食を済ませての帰宅が大半です。「夜間

表13-1　夜間保育園の運営・開所時間（全国夜間保育園連盟，2010）

保育開始時間	保育終了時間	保育保障時間	保育園数
午前７時〜	午後10時	15時間	11園
午前７時〜８時	午前０時〜午前２時	17時間〜18時間	9
午前６時〜６時半	午後10時〜11時	16時間〜17時間	3
午前９時〜	午後10時〜午前２時	16時間〜17時間	5
午前10時〜11時	午前１時〜２時	15時間〜16時間	3
午前６時〜７時	午前６時〜７時	24時間保育	3

＊調査基準日，2009年６月１日，以下同じ

表13-2　夜間保育園の利用者の利用類型とその人数（全国夜間保育園連盟，2010）

区分・類型	保育終了時間	利用者人数（比率）	うち，母子家庭等（比率）
昼間保育園型	20時未満	659（49.3％）	112（32.8％）
昼間保育園超延長型	20時〜22時未満	390（29.2％）	98（28.7％）
一般夜間保育園型	22時まで	79（ 5.9％）	24（ 7.0％）
深夜型夜間保育園	22時超〜24時	74（ 5.5％）	27（ 7.9％）
超深夜型夜間保育園	24時超	133（10.0％）	79（23.2％）
宿泊型	朝まで	1（ 0.1％）	1（ 0.3％）
合計		1336（100％）	341（100％）

（注）本表は「利用者調査」の表２-(6) を保育時間の終了時間だけに着目して簡便化して表したものである。
　また，実時間の報告がある者のみの集計結果である。宿泊型利用は調査基準日の６月１日時点では１人しか利用者報告はなかったが，利用時間が夕方から翌日朝８時以後とする明らかに宿泊利用と思われるケースは３人あった。

保育（園）」を「延長」保育一般の一形態とするにはやはり無理があると思われます。

2．貧困問題と夜間保育園の役割

表13−3は現在の夜間保育園利用者の家族形態をみたものです。１９９６（平成８）年に連盟が実施した同様の「調査結果」と比較しますと、平成22年調査ではひとり親家庭の割合はむしろやや減少しており、最近の離婚率の上昇傾向を考えると意外に思える面もあります。

夜間保育園での母子家庭・父子家庭のひとり親家庭の割合が相対的に減少しているように思われる原因は、逆に言えば、家族形態を問わない現代社会での夜間就労自体の一般化という事情が背景にあると推測されます。しかし、それでも母子・父子のひとり親家庭率は25％を超えており、昼間保育園とは異なった保護者特性にふまえた、よりきめ細かな対応が夜間保育園には求められます。具体的にいえば、現在のわが国の母子家庭の貧困率がＯＥＣＤ加盟国の中でも最悪に近い約60％ということを考慮しますと、夜間保育園には家庭基盤の弱い貧困家庭への「ファミリー・ソーシャルワーク」機能の必要性が高いという意味になります。

「利用者調査」では、表中の母子家庭３２２人について、さらにその所得階層を保育料から推定して区分しました。保育料額の記述があったものが１３０人と少なく、さらにそのうち夜10時を超えた１０２人についてだけ調べたものですので、参考までの数値ですが、表13−4として掲げてお

表13-3　夜間保育園利用者の家族形態（全国夜間保育園連盟，2010）

家族形態	平成22年調査	平成8年調査
両親家庭	995（74.5%）	770（68.1%）
母子家庭	322（24.1%）	338（33.8%）
父子家庭	19（1.4%）	23（2.0%）
合計	1336（100%）	1131（100%）

人数（比率）

表13-4　降園が午後10時を超える母子家庭の母親の職業と保育料階層

（全国夜間保育園連盟，2010）

	所得階層別人数					
職種	A階層	B階層	C階層	D階層	不明	合計人数
①飲食サービス業自営	0	1	1	2	1	5
②飲食サービス業従事者	8	42	2	7	24	83
その他の職種	1	5	1	5	2	14
合計	9	48	4	14	27	102

（注）A階層＝生活保護階層，B階層＝住民税非課税階層，C階層＝所得税非課税階層，D階層＝所得税課税階層

表13-5　夜間保育園利用者の一日あたりの保育利用時間

（全国夜間保育園連盟，2010）

利用時間	人数（割合）	うち，母子家庭等（割合）
7時間未満	27（2.2%）	9（2.8%）
7時間～9時間未満	213（17.3%）	57（18.0%）
9時間～11時間未満	461（37.4%）	92（29.0%）
11時間～13時間未満	393（31.9%）	102（32.2%）
13時間～15時間未満	116（9.4%）	44（13.9%）
15時間	17（1.4%）	8（2.5%）
15時間超～17時間30分	5（0.4%）	5（1.6%）
合計	1232（100%）	317（100%）

きます。表からは全体の61人（50％）がA〜Cの低所得階層であるということ、さらにその職種をみると88人（86％）が飲食・サービス業関係であるという事実がわかります。

次に表13-4をさらに詳細にみるために、実際の夜間保育園利用者の保育時間を表13-5として見てみたいと思います。表13-5からは9時間〜11時間未満の時間帯の４６１人（37・４％）をピークに、11時間〜13時間未満も３９３人（31・９％）と万遍なく分布しています。昼間保育所の利用児童では考えにくい通常（ほんとんど毎日）の保育時間が15〜17時間半にも及ぶ児童がいることに驚かされます。とりわけ問題は、15時間以上の利用者22人のうちの13人（59％）が母子家庭で、15時間超の最長の利用者では5人すべてが母子家庭であったことです。

表13-2〜13-5からは母子家庭の夜間保育園利用者の多くが「長時間、低所得、飲食業関係」の労働に集中していることがわかります。まさしく貧困の「母子家庭への集中」が起こっているといわざるを得ない状況です。夜間保育園が、より困難な生活状況にある家庭のニーズに対応することをその創設期から課題としてきたこと、そしてその必要性は現在も何も変わっていないということを忘れてはならないと思います。

ところで、周知のように、現在の保育園の運営費の担保はおおむね11時間とされています。それを超えた時間がいわゆる自己負担を原則とする「延長」保育の対象となるわけです。夜間保育園では表13-5でわかるように全体の１２３２人中の５３１人（43％）がその時間を越えた利用者です。

この表13－5の意味は、夜間保育園（連盟）としての具体的な制度的改善課題と関連させるならば、今後の夜間保育園の施設型給付（運営費）が13時間を担保する構造であるならば利用者の約9割までがカバーできることも示唆しています。夜間保育園連盟でも「子ども・子育て支援システムにおける夜間保育についての基本的要望［案］」の中で、「現行保育時間を保障する（13時間以上）こども園を認めてください」と要望しています（全国夜間保育園連盟機関紙『夜間保育　２０１１年7月』参照）。

表だけでは夜間保育園の利用者はきわめて少数者の例外的な問題と切り捨てられてしまいそうですが、全国的にも子どもをもつ家庭、とりわけ母子家庭の「貧困」が大きな社会問題になっていることは周知の通りです。それらの家庭にとっては、新子育て支援システムでの施設型給付（運営費）の積算単価が充実し、保育園の開所の標準時間として13時間をカバーできるようなものになることは、わが国全体の子育て家庭にとっても望まれることだと思います。

第3節　今後の夜間保育（園）の展望—ソーシャルワーク機能のいっそうの充実を求めて—

1. 求められている基本機能の充実：「倉敷宣言」から「大阪宣言」へ

本書では、多くの夜間保育園が、利用者とりわけ母子家庭の深い生活ニーズに応えるために、30年間余にわたり深夜や時には24時間にわたる保育実践を行なってきたことを明らかにしてきました。その実践内容は、本書の随所で触れたように、たんに子どもだけが対象となる狭義の保育実践ではなく、「要保護」性の高い家庭対象の文字通り「保育ソーシャルワーク」と呼んでも差し支えのない、高く評価されてよいものが多く含まれていました。

こうした現状にふまえ、保護者や地域の子育て家庭へのさらなる支援のために夜間保育園連盟から国や関係自治体にその運動過程で要望されたものが、「夜間・深夜にも対応できる子育て相談事業の展開」を求めた夜間保育園連盟の20周年記念大会（２００２年）に出された「倉敷宣言」と、さらにはその後、そのいっそうの具体化を求めた「大阪宣言」（２００８年12月）です（本書資料編参照）。後者の「大阪宣言」は、今後の夜間保育園に必要なものとして次の3点を要望しています。地域差はあるものの、「大阪宣言」は今後の全国夜間保育園（連盟）のあり方全体にもかかわる基本姿勢を示すものとして重要と思われます。また同時にそれは今日の保育園の多くに共通するものと思えます。

①親支援に専念できる主任級保育士の配置

②夜間保育園の機能拡大のための児童家庭支援センターの付置

③夜間保育園（児童家庭支援センター）に保育ソーシャルワークの役割を担う職員の配置

2．夜間保育（園）連盟の課題と今後の展望

夜間保育園（連盟）の今後のあり方にかかわっては、先に述べたようにそれが夜間の単立型保育園か昼間併設型保育園かによって「子育て支援新システム」の受けとめ方も異なると思います。22年調査では連盟加盟の62園中、回収できた夜間保育園は34園（54・8％）でしたが、夜間保育園単立で経営を行っているのは7園（20・6％）のみで、残りの27園は昼間の保育園を併設していました。しかも併設園を有している27園中、昼間の保育児と保育時間が重なる時間帯については昼間保育児と夜間保育児を原則として合同で保育をしているところが19園（70・3％）、別々が8園（30％）でした。多くの夜間保育園は昼間の保育園を併設・運営することで夜間保育園部分の経営をなんとか成り立たせているのが実態です。

しかし、視点を変えて夜間保育園（連盟）のあり方を考えると、夜間保育の一般化（＝昼間保育園の保育時間の長時間化）が急速に進んでいるにもかかわらず、夜間保育園としての組織的な拡大

には必ずしもつながっていない現状はなぜなのかは考えさせられます。この間、制度的（財政的）には関係者の運動により、十分とはいえませんがそれなりの基盤の充実が図られてきたにもかかわらず、正規の「夜間保育園」がなぜ増えてこないのかがあらためて問われていることのように思えます。

3．おわりに：制度改正に寄せて

わが国の保育界をながめると、少子化にもかかわらず、「ベビーホテル」を利用している子どもたちの数は、筆者らがそのことを問題として調査していた1981（昭和56）年には432か所、約1万3000人だったものが、2012（平成24）年3月には1830か所、約3万3000人と大幅に増加しています（厚生労働省調査）。加えて、東京都の「認証保育所」のように、中には園庭もないようなところで深夜にまで及ぶ独自の保育を実施しているところも各地で増えています。こうした現状は、夜間にまで及ぶ保育は、認可外の保育施設にそうした役割を求め、認可保育所にはその役割をあまり期待してこなかった国の姿勢に問題があったと批判されても仕方がないものに思われます。

ベビーホテル問題が起こってから34年間余、「夜間保育は子どもによくない」「夜間保育があると逆に保護者の長時間労働が常態化する」「利用者があまりにも少ない」というような理由で昼間の認可保育園や行政は夜間保育にはほとんど取り組んできませんでした。その結果、待機児対策のための昼間の認可保育園は増えましたが、７人に１人といわれる子どもの「貧困」が大きな社会問題になっているにもかかわらず、大変な状況にある子どもや家庭にとっては保育サービス面での選択の余地はほとんど広がりませんでした。

夜間、時には深夜にまでおよぶ保育が子どもにとって本来望ましいものでないことは確かですが、「深夜に就労する女性は交代勤務者を中心に約４％存在している」（社会保障審議会少子化対策特別部会資料、２００９年10月）のように、それを必要とする家庭があり、そのことの保障が家庭や子どもに安心感や時には生存権そのものの保障になり、将来の自立につながるものであることを見落としてはならないと思います。そうであるならば、その子育て環境をできるだけ望ましいものに近づけることこそが国や自治体、児童福祉関係者の責務であると思います。夜間保育園を「必要悪」として、ただたんに批判的に切り捨てたり、傍観していることは児童福祉の立場からはできないことです。

わが国の保育界全体の課題として、今後、夜間に保育を必要とする家庭をどのようにして守るのか、そのためにどのような組織や運動が求められるのか、「全国夜間保育園連盟」だけで考えるには荷が重すぎますが、連盟の結成30年を機に再考することの意義は大きいと思います。

「新子育て支援システム」が本当にその標語通りに、「すべての子ども」を対象にしたものになるのか、夜間保育園を利用する子どもや家庭が排除されることはないのか、筆者なりに今後も夜間保育園の関係者とかかわりをもちながら注視していきたいと考えています。

さくらい・けいいち（文教大学人間科学部兼同大学院教授）

〈引用・参考文献〉

櫻井慶一　保育制度改革の諸問題―地方分権と保育園　新読書社　2006

櫻井慶一（編著）　現代のエスプリ別冊　ベビーホテル　至文堂　2001

全国夜間保育園連盟（編）　平成22年度　全国夜間保育園利用者調査―現状と課題―改訂版　全国夜間保育園連盟10月号　2010

全国夜間保育園連盟（編）　夜間保育制度発足20周年記念誌―仕事と子育ての両立ニーズが高まる夜間保育　49保育園紹介　神話崩壊―　全国夜間保育園連盟　2002

全国夜間保育園連盟（編）　全国夜間保育園経験交流研修会報告書　第21回（平成20年）～24回（平成23年）　2009-2011

コラム10　地方都市での夜間保育所への期待と実践

（桑原静香）

長崎県において県庁所在地ではない佐世保市は、官公庁や繁華街、総合病院などが隣接したコンパクトシティであり、24時間コンビニ化した現代における多様化した就労形態のもと、保護者の多様なニーズに対応できる認可夜間保育所はその中心地にあります。両親共に医師という専門職の家庭から生活保護を受けながら病気療養中の母子家庭などさまざまな社会の縮図の中、早朝6時50分から深夜2時までの19時間の開所時間中、市内外から約１００名の園児がきょうだいのように生活しています。

夜間保育所はその性質上、昼間保育所以上に保護者の就労支援と育児支援が大切な柱のひとつとなります。早朝から深夜まで働く保護者の苦労や努力を認めながら、保育者は子どもの最善の利益のための環境を適切に整える必要があるため、「生活リズムを昼型に保つべき」とか「家族で夕食をとるべき」、などという『べき論』ではなく、目の前の子どもや保護者が困っていること、必要としていることに応え、個々の家庭に合った援助を行うという福祉の精神が夜間保育所としての基本姿勢であると考えています。夜間保育所において休日や早朝、深夜など幅広い利用時間を提供することは、長時間保育による保護者の育児放棄を助長するものではなく、保護者の働く権利を守り、育児不安を解消するものであり、ひいては経済発展や虐待防止に寄与するものでもあります。佐世保のような地方都市において夜間保育所を必要とする人は、キャリアとして働く保護者ばかりではなく、中には経済的困窮のため夜間のサービス業に従事する保護者もおり、児童福祉の観点からも仕事と子育ての両立の厳しさを垣間見ることもあります。そのたびに保護者の長時間労働や不規則勤務による就労の厳しさと、愛着関係を十分にもてない子どもとの関係の両面を考慮した支援が求められます。保育者は子どもの発達と保護者の育児支援の両立のため、子どもにとっては母親、父親代わりに、また保護者にとっては時には育児支援のプロフェッショナルとして支援しながらも、時には仕事の愚痴もこぼせる相談相手として話をしながら、寄り添って信頼関係を築き、子育ての苦労を保護者と共にしながら喜びを分かち合っています。このように夜間保育所はさまざまな保護者や子どもにとって最後の砦となっている側面がありますが、夜間保育所の特殊性から地方都市においては認可が難しく供給不足であるのが実態です。全国でも多様な保育サービス展開のなか夜間保育の実施率は認可保育所の0・3％に留まっており、行政は需要に対する不足分を認可外施設などで補っているというのが現状です。

また夜間保育所に対する認知度不足は深刻で、夜間にまで保育園に預けられて子どもがかわいそう、夜間保育所があるから夜間に働く保護者を助長しているなどといった夜間保育所に対する誤解や偏見があり、一般市民はもとより保育関係者の間でもその必要性と重要性の理解は進んでいない状態にあります。医療や安全などあらゆる面で24時間サービスを受けて生活している現代人にとって、そこで就労している人の子どもが保育に欠ける状態であるということは大きな問題であり、就労人口減少の中、子育て仕事の両立は社会全体の問題でもあります。

さらに全国的な保育士不足といわれる中、人材確保も大きな課題となっています。夜間保育所での勤務は不規則な勤務や夜間にかかる勤務があるため、家族の理解が得られない場合もあり、保育士としてはやりがいを感じていても就職や定着が難しいという点があります。理解を得るためには夜間勤務のある保育士のワークライフバランスのための安定性に特段の配慮が必要と言えます。保育の質の向上のための研修や、保育方針や情報の共有のための会議などの実施についても、常に保育園には園児がいるため全員参加が難しく、昼間保育所よりも多くの人員配置を行って外部研修に参加したり、職員間の伝達方法に工夫をして情報共有の徹底を図っています。

多様化し続ける保育ニーズに、保育士の資質の向上で応えるために、新たな制度設計の充実によるさらなる夜間保育所の発展を求め、夜間保育所が公的な制度の枠組みのなかで必要な子育て支援サービスとしての役割を確立していきたいと考えています。

（くわはら・しずか　島地シティ夜間保育園園長）

座談会2

「夜間保育園　30年の保育をふり返り、今後の展望を語る」

（出席者・発言順）
衆善会夜間保育園　杉山　えり子
保育所あすなろ　岡戸　淳子
第2どろんこ夜間保育園　天久　薫
筑波大学　安梅　勅江
司会　文教大学　櫻井　慶一

■夜間保育園を開設して

櫻井　みなさんこんにちは。今日は夜間保育園連盟30周年記念誌の刊行に向けて、夜間保育園連盟に関わりの深い四名の先生にお集まりいただきました。大変お忙しい中ありがとうございました。本日の司会を務めさせていただきます文教大学の櫻井と申します。どうぞよろしくお願いします。

　私は35年程前のベビーホテル問題の頃から夜間保育園の先生方と様々なかかわりを持って参りました。平成27年度からの子育て支援システムの大きな転換を目前に、夜間保育園がこれからどうなるのか大変心配されます。これまでの夜間保育園の歴史と課題をここでいったん整理しておくことが求められていると思います。

　それでは早速ですが、最初に自己紹介を兼ねてこれまでのご自分の園の歩みや現在の状況をお話し願います。

杉山　こんにちは。名古屋市中区の衆善会夜間保育園の杉山です。

　名古屋市のモデル事業として開園して、夜間保育園連盟に関ってきました。乳児院、昼間保育園、夜間保育園を運営している法人です。夜間保育園を開始して28年、私が園長を就任して24年目となりました。定員は30人、深夜1時まで開園しています。

保護者や子どもは、基本的には変わりはありませんが、仕事の内容、社会の状況は大きく変わりました。以前は夜間保育園だけが特殊でしたが、今では昼間保育園もかなり遅くまで延長されています。しかし、福祉施設としての役割を考えると、昼間保育の延長とはかなり違いがあると思います。たとえば、夜間保育園の給食は、内容の充実した夕食を大切にして提供するなど、違いをしっかり見ていかなければならないと感じています。職員の意識、使命感は高く、昨今では、さまざまなライフスタイルのなか、夜間保育園はとくに、仕事時間が大幅に違い家庭の生活リズムが一律ではない、登園までのその日の子どもの生活も受けとめながら、食事内容や量、回数などを確認しながら、しっかりと食べられるように、その対応、工夫にも職員は頑張っています。

杉山

経営問題を考えると、夜間保育園の開園当初は補助金が確立していなかったので、連盟を通しての要望や要求をし、それが実現してくる過程で安心に繋がりました。が、制度が整ってきたことで行政との接点が少なくなったようにも感じ、夜間が孤立していくさみしさがあります。制度改革の中で夜間保育は今後どうなるのか、すごく不安です。置き去りにはしないと言ってくれますが、市もどうするか模索している状況です。

とくに今後は、職員確保が一番の課題です。夜間保育園というのがどうしても暗いイメージで、ベビーホテルとの差異がないようにとらえられて、新人職員本人はやる気でいても、親が許してくれないといった問題もあります。そのためにも職員が一生働ける雇用の形態と環境、妊娠出産後も「夜間」働くことのできる個々に合ったワーク・ライフ・バランスに応えられることが望ましいのですが、容易ではないと感じています。

櫻井　ありがとうございました。では、岡戸先生お願いします。

岡戸　大阪の夜間保育所あすなろの元園長の岡戸淳子です。1981年にTBSの堂本暁子さんのいわゆる「堂本レポート」が出て、それを受けて、それ

岡戸

までは昼間保育（7時から19時）の園を運営していましたが、84年に30人の定員で夜間保育所を開所しました。

開所に向けて職員で何度も話し合いを重ね、私が引き受けることになりました。私には子どもが二人いて、夜間に働く親として、夜間に働く親を支えるという葛藤の中で引きうけました。世の中はバブルで、北の新地や十三も24時間ネオンが消えない時代でした。ベビーホテルに預けられる子どものしんどさは表には見えてこなかった時代です。

開園した当初は「認可園は広告を出してはいけない」等、縛りが大きくベビーホテルと認可の夜間保育所の違いも親にまったく認知されていませんでした。子育てをしながら夜間保育所で働く親として、マスコミがこぞって取り上げてくれ、それが一番の宣伝になりました。しかし、私たちが「やらなければ」と大上段に振りかぶった理念も、利用する親にとっては、夜に子どもを見てくれる場所が確保できたという程度のことでした。

開園当時の夜間保育園制度は、14時から22時までの認可でした。しかし、そんな中途半端な時間しか働いていない親はいません。そこでしかたなく22時にいったん保育を終了し、引き続き園独自の延長保育として深夜2時まで保育をしていました。もちろんその時間帯は行政の補助は一切なく全額保護者負担。報告が上がらないのでそのニーズは行政にまったく見えない、という悪循環の時代でした。保育士同士も横の連携がないため夜間保育所で働く孤立感が大きく、当初、職員はなかなか定着しませんでした。

私自身、夜働くのも昼働くのも働きながら子育てすることでは同じはずなのに、なぜ看護師や新聞記者は夜働いてもよくてホステスはあかんのかと腹の底から言えるようになったのは、自分自身が夜間働くようになってからでした。当時ひとり親で学歴もない女性が子育てしながら働く場所は夜間にしかなかったからです。

80年代、昼間の延長保育の制度整備と夜間保育所の整備は並行して進みましたが、それは夜間保育所という下支えがあったからといえます。運営的には午後10時以降の延長保育制度が確立するまで、赤字が解決せず昼間保育所に寄りかかっていました。

現在の、夜間保育所あすなろの保育は、日中は昼の子と夜の子の混合クラスで、夕食前にそれぞれ自分のクラスに分かれるという保育形態です。運営者も職員も子どもと親に寄り添いながら、試行錯誤し昼間保育所と一体化した保育にしだいに転換してきました。この間、社会も変わり、働く人も変わりましたが、何より働く親の就労環境が一番大きく変わったと思います。夜間保育は24時間制度として確立し、「制度にある保育」の中で子育てをしているという自信でしょうか、親は声を出し始めました。

しかし、制度が充実したことで杉山先生の言われたように、今何をしていいのかわからないというのは実感ですね。

櫻井　ありがとうございました。では、次に連盟会長の天久先生お願いします。

天久　全国夜間保育園連盟会長、第二どろんこ園の天久です。いま、定員が45名で、7時から深夜2時までの19時間開所の夜間保育園で、日曜日も7時から21時までやっています。昼間部のどろんこ保育園に併設です。場所は博多の歓楽街、中洲の近くで博多駅から徒歩10分です。第2どろんこ夜間保育園は昭和57年5月に開所して、31年たちました。認可になる前にも、私は昭和48年から認可外、いうところのベビーホテルを8年経験しています。

ベビーホテル時代、当初は、アルバイト的な感覚で始めた夜間保育所で、17時から午前3時までで、来るのはほとんどホステスさんで、自営の人もほとんどいなく三分の二はシングルマザーでした。家庭的な雰囲気で、とにかく一日安全に過ごせればよいということで始めましたが、何年か経つと、この子らは小学校に上がったらどうなるんやろと心配になってどうしたらいいか悩み、当時夜間保育は京都のだん王保育園さんしかなく、そこに行って学ばせてもらいました。昼間、幼稚園、保育園に行かなくても良いようにと考えていたのですが、だん王さんに言われたのは「保育、教育とは手間暇のかかるもの、一日24時間の中で考えていかなければいけない」ということでした。それで帰ってからまず見直したのは、保育料を1万円上げたことです。当時の認可保育園の倍の額ですね。しかし、それでも、保育士1名で1～2歳児を10名ぐらい見ないとやれませんでした。そこで、このままではいかん、なんで夜間保育には認可がないのか、同じ子どもなのにと認可運動を開始しました。

当時は、ホステスさんはその日暮らしで、手に職のない、夫がいない女性が働いていくのは難しい時代でした。でも母子家庭の母親の考えというのがあって、生活保護をもらって昼間の仕事を見つけたら、というアドバイスをしても、自分で働いて育てたいという想いでした。それなら乳児院や児童養護施設を利用してというと、子どもと一緒に生きていきたいというのが強くあって、そこでの選択肢が夜間保育だったと思います。それが認可保育園をめざした一番の原点でした。

いろんな運動をして、昭和57年に今の認可園を開園しました。認可外の時代とはまったく違いました。それはそれでよくなったのですが、夜間保育園の「モデル事業」という制度の中でやることの大きな課題がありました。

一つは、モデル事業なので安定せず見通しが立たない、モデル事業からの脱却が一つです。もう一つは、人件費や夜に開園していることに伴う諸経費が余分にかかりますが、昼間の保育園と同じ運営費でしたので困りました。そこで夜間独自の加算単価の要望運動をしました。それができると次には、給食の材料費、給食調理員の加算も実現しましたが、それだけでは安定しませんでした。安定したのは延長保育制度が充実するに従って、夜間保育も午前11時以前の前倒し延長と、午後10時以後の後倒し延長が認められるようになってからです。

夜間保育園連盟も当初は8か園でスタートしました。当時はみんなの園の内情が見えて、一緒に要望活動をしました。その後園数が増え、制度面でも安定したことで、当初の一体感はなくなりました。

夜間保育は、昭和56年の厚生省の局長通知の冒頭に、「保育所における夜間保育については、児童の心身に与える影響等を考慮して、従来実施してこなかった」というところに見てとれるように、いかにも児童の心身に悪影響を及ぼすかのごとき表現でスタートしました。このことが夜間保育が「必要悪」と言われてきた背景の一つで、その払しょくのために連盟では98年以来調査研究に取り組んできました。

結論は、この後、安梅先生からお話しがあると思いますが、私たちにとっては、「時間の長さとか夜間まで保育されているということが、子どもの育ちに悪影響を及ぼすのではない」という調査結果が出てホッとしました。ただ深夜保育には心身に未発達のある子どもの在籍がみられるというのも事実ですので、質の高い保育サービスを提供していくことが大事だということです。

それ以来連盟として「保育の質」を保持する取り組みを安梅チームにサポートしていただき展開しています。

天久

櫻井　ありがとうございました。保育所の運営者の目を通してみた実践と夜間保育園保連の会長としてこれまでの経過を話していただきました。最後になりましたが安梅先生お願いします。

■子どもの育ちと夜間保育園の実践

安梅　筑波大学の安梅です。私たちは子どもの育ちに環境がどんな影響を及ぼすのかを研究してきました。

世界で最も広く使われている育児環境の評価の日本版もつくりました。98年に、当時の夜間保育園連盟会長の金戸先生から「夜間保育という環境が子どもにどのような影響を与えているのか」を根拠に基づき明らかにして欲しいという依頼がありました。当時ベビーホテルが大きな社会問題でした。根拠を得るために、二つのお願いをしました。実際にどんな保育をしているのか実地調査をすること、子どもの育ちを追跡的に調べること。少なくとも5年、10年続けなければ解らないとお話しました。了承をいただき、今日まで15年間継続して調査研究しています。研究費をいただいた財団からは、「これからの日本は、女性の就労環境が大きく変わる、夜間保育はさらに必要となる。色眼鏡なしに科学的な根拠を出してください。質の高い夜間保育とは何かを明らかにしてください」と言われました。

当時の夜間保育園、北海道から沖縄まで40か所、全数訪問しました。保育環境を見て、園長や保育士、保護者にお話を伺い、子どもたちの発達を確認し気になる行動を観察しました。深夜の2時に、仕事で飲酒後お迎えに来た保護者にインタビューしたこともあります。皆さん快く応じてくれ、「こんなに話を聞いてもらったのは初めてです」と忌憚のないお話を聞かせていただきました。

認可夜間保育園を訪問すれば、すぐにベビーホテルとの保育の質の違いは歴然と分かります。しかし、それを数値化して、根拠として出す方法は確立したものがありませんでした。そこで数値化する方法を開発しながら調査し、現状と今後のニーズを3年間かけてまとめました。

安梅

日本の夜間保育園のような保育施設は、世界中どこを見てもありません。中国では1週間預かり週末帰るという保育園はありますが、欧米では週に30時間以上預けたら長時間保育といわれます。長時間労働の場合は、家庭で保育する人を雇用します。したがって、夜間保育や長時間保育の研究はほとんどありませんでした。ようやく5年ほど前に米国で長時間保育の影響を測定した研究が出ました。

私たちの研究が世界で初めて、保育所は時間帯や長さではなく質が大切であるという根拠を示しました。夜に預ける、長時間預けることではなく、保育の質や保護者のかかわり方が、子どもの育ちに大きく影響するということを証明しました。

しかし、夜間保育を利用する保護者は大変さを抱えている人も多く、課題を抱える子どもが多いのは事実です。保護者へのより専門的な支援や子どもへのサポートが夜間保育園の努力で満たされていたからこそ、時間帯や時間の長さで子どもの育ちに影響がでていなかったわけです。もしそこが満たされなかったら、大変な保護者・大変な子どもが、より大変な状況になる可能性があると結論を出しました。

その後15年追跡しています。初期に夜間保育園を利用されたお子さんは、もう中学生や高校生になっています。そういう卒園児の調査にも3年前から協力してもらい、よい成果が出ています。夜間保育で頑張った子どもたちは普通の昼間保育所の卒園した子どもと比較しても、「社会に貢献したい」「役立ちたい」「人には親切にしたい」という気持ちが大きいことが示されました。その理由は夜間保育だけとは言い切れませんが、乳幼児期に保護者の頑張っている姿を見て育ち、夜中まで保育士が自分を支えてくれたという体験をしていることが大きいと感じています。

15年経ち、夜間保育園に対する世間の見方は大きく変わってきています。夜10時までの延長保育が広く普及して、夜間保育とほぼ重なる長時間保育の昼間保育所も多くあります。自分たちが質の高い保育をすれば、子どもに悪影響がないと堂々と胸を張って言えることが、保育士の専門性への誇りとなっています。

さらに私たちは、保育士のスキルアップを目指して「保育パワーアップ研究会」を立ち上げ、夜間保育で培われた保育の知恵を発信する仕組みをつくりました。そこに参加した保育士は、全国ですでに1万人以上になりました。

今後さらに、夜間保育は保育と養護の中間的なところで、特に虐待とか貧困等の大変な状態の親子を支える先駆的で牽引車的な役割を求められます。それを果たせる熱い思いとパワーがあるのが夜間保育園だと思います。

■夜間保育園のこれからの課題

櫻井　ありがとうございました。四人の先生からお話を伺いました。共通して言われたのが夜間保育園の当初と今とは就労などの社会状況が変わってきたことや夜間保育園のイメージが当初はベビーホテルと同じようにとらえられ、人材確保なども今以上に難しかったことなどでした。

櫻井

また、安梅先生のお話にもありましたが、夜間保育園の特質としては養護と保育の両面、とりわけ養護的側面を重視してきたことがあったかと思います。

お話を伺いながら、夜間保育園の今後のあり方を考えた時に、私は現在3点の大きな検討課題があるように思いました。

1番目には、平成27年度からの認定子ども園の仕組みを中心とした新しい子育て支援システムへの対応です。現在の夜間保育園だけに配慮された特別な仕組みが変更にならないかという心配です。また、そもそも認定こども園で大丈夫かということです。

2番目には連盟の設立契機のベビーホテル問題とのあらためてのかかわりです。ご存知のように当時よりむしろ現在のベビーホテル数は数倍も増えています。でもいまだに必要性の高いと思われる大都市部、たとえば仙台や神戸などの大都市には認可された夜間保育園はできていません。連盟加盟園は64園、非加盟園も入れてもまだ全国80か所足らずしかありません。一方で昼間の保育園で午後10時までの延長保育をするところは500か所以上に増えています。ここでは認可保育園全体のあり方が問われています。

3番目には夜間保育所の利用者調査からは、母子家庭・父子家庭などの割合が高く、生活困窮家庭も多い現実が示されています。いわば要養護性の高い家庭が多いということへの丁寧な対応を夜間保育園は今後も果たす必要があるのだと思います。

先ほど制度が充実したことで、地域や行政とのつながりがむしろ薄れた感じがすると杉山先生が言われました。また、天久先生からは連盟としてのまとまりについても弱くなっているとのお話しがありました。いかがでしょうか。

杉山　全国的に広まったといっても夜間保育園の位置づけが低く、まだそこから抜けきれてません。今後は認定こども園への移行も考えられますが夜間保育園がなかったら、この子どもたちは何処に行くのか、保護者はどうするのか、これからも養護という福祉施設的な特質を担っていくためには、今の形をどう持続する事が出来るのか、夜間保育園にかかわっている園長も職員も迷うところです。

名古屋では現在、保育園と警察・児童保護施設等との連携が薄いように感じています。私の法人では乳児院も併設していますので、児童相談所から移送されてくる場面に出会いますが、ケースによっては、その前の受け入れや支援施設としての役割が担えるのではと思っています。夜間保育園は夜中まで開いていますから、警察などにも、使ってもらえたらよいのですが、どこに、どうすれば、子どもたちが少しでも幸せに生きていけることにつながるのかがジレンマです。

キャリア型の親は一見裕福そうにみえますが、子育てに支援が必要なのは深夜型の利用者と同じです。ただ、妊娠後金銭面のことなどでまず親を受け止めないと前には進めないですし、緊急の深夜型、夜にしか生きていけない親がいるのも現実で、カウンセラー的対応が求められます。制度に振り回されたくないが、制度がないと連携は取れない、開園初期の親の大変さと変わらないものが今もあります。

安梅　「子育て支援重点型保育」の役割が求められますね。夜間保育園は福祉的な要素の高い、特に大変な状態の保護者と子どもを時間帯にかかわらず長時間支えることができます。

岡戸　夜間保育所自体が10時までのキャリア型と深夜型に別れてくるように思います。キャリア型の就労支援は延長保育の充実が大きいわけで、これを下支えしてきたのは、夜間保育制度でこの受け皿があるからこそ昼間の延長保育も充実したように感じます。

女性が選択できる労働の幅は現在うんと広がりました。育児の時短やフレックスなど就労と子育ての両立も可能になった感じがします。しかし、社会全体が夜型になって、これまで深夜に働いていたひとり親の働く場所は、若い大学生やＯＬのアルバイトに取って代わられてしまいました。生きていく場として、さらにしんどい仕事を選ぶしかない状況が生まれています。夜間警備員とか交通整理など、従来男性の仕事だった分野を選んでいる女性も多くなっています。

大多数の親のための制度と、少数のマイナーな親のための制度の両方が整備されたら、子育てがもう少しゆとりをもてるようになると感じています。

夜間保育を利用されたことのある親は、夜間保育所は信頼して預けられるのに、未だに行政もマスコミも学者もその内実を知らずに、「必要悪」というとらえ方だけで批判されることがあると言います。利用された親は、その安心感と信頼感、教育の保障を通して子どもが生き生きと育っている姿を見て、自分の仕事の自信につながっていると言われます。夜間保育所の内容を情報として発信をするのは、夜間保育所の役割ですし、夜間保育園連盟の役割だと思います。

櫻井　岡戸先生は現在夜間保育園連盟の事務局の仕事もされているわけですが、それを通して見えていることがありますか

岡戸　当初、制度整備が十分でなく連盟は一致団結して制度改正を要望するというのがありましたが、今、連盟として何を世に問うかが希薄になっているように感じます。問題は山積しているのですが、何から手をつけてよいか分からないというのが実情です。

　事務局としては、ホームページや機関紙で情報発信をしますが、今どうしてもやらなければという必死さがないですね。新保育システムになって市町村事業になったら、ますます，そうなのかなという危惧は強いですね。

櫻井　連盟の会長さんとしてはいかがでしょうか

天久　昼間の保育園の延長保育が充実したことによって、午後10時までの保育が可能になりました。その中で従来夜間保育所のニーズとして受け止めていた部分がかなりの部分吸収できたことは事実です。

　先にも述べたように、今、夜間保育は午前11時より前への「朝延長」と午後10時以降の「夜延長」の組み合わせがあり、深夜系の就労以外は朝延長でほぼ受け止めることができるようになりました。夜間保育所の保護者の就労パターンは朝から夕方までと、朝から夜10時くらいまで、常時深夜まで、時々深夜の利用と大きくは4つのパターンに分かれています。

　その中で、重要なことは夜間の朝延長と昼間の夜延長がしっかり重なって就労保障をしていることです。利用者人数は圧倒的に昼間保育所型に近い人が多いのが現実です。男女雇用機会均等法で女性の就労が増えた分もほとんどがこの層です。この層は賃金的にも恵まれていますから子どもの将来の見通しを持ちながら働いています。申込みも計画的にされています。一方、深夜型の利用者は母子家庭が多く収入も不安定です。申し込みもとりあえずベビーホテルでも良いという選択をします。

　昔は女性の職場が限られていて、離婚したり死別したら、手に職のない女性は「水商売」しかありませんでした。今は母子家庭であっても能力のある人は多方面で活躍しています。しかし、その場合でも

一人で子どもを育てる上での夜間保育園の存在は欠かせません。こうした現状から夜間保育園連盟に加入している保育園でも利用者層が分かれてきている傾向があります。

櫻井　平成22年度の連盟の利用者調査でもそういう傾向があり、さらに地域差も大きいことが示されていました。お話の中にでてきた利用者をキャリア型・深夜型と分けた時、最近のいわゆる「愛着障害」がキャリア型の子どもに多いということを保育関係者から聞いたことがありますが、そういうことがあるのでしょうか。

安梅　愛着障害がキャリア型に多いという科学的根拠はありません。印象としてあるのかもしれませんが。調査の中で、違いがあったのは2点です。１つ目は、夜間保育園の保護者は、よく園長や保育士を頼って相談しており、保育園はサポートへの期待に応えているということです。２つ目は、虐待傾向の保護者は、昼間保育所に多いということです。夜間まで長く預ける親は、子どもと接する時間が少ないので子どもにあたらなくてよいのかもしれません。それが子どもの愛着障害を予防している可能性もあります。

岡戸　現場の職員の座談会（本書第一部所収）で、今言われた昼間と夜間の差異について、昼間は登降園の時間が短い時間帯に集中しているので、丁寧に対応ができないが、夜間は登降園の時間が非常に幅広いので、そこでは、保育士もゆったり対応できるから、より親しくなるというのがでていました。それが園への信頼につながり、コミュニケーションが深くなるということになるのではと思います。

■今後の展望と決意

櫻井　最後に30年間の連盟の歩みを振り返りながら、今後の夜間保育園の展望を模索したいと思います。子どもの本質自体は変わりませんが子どもを取り巻く社会構造は大きく変わってきました。

親の生活の基盤もますます不安定になっています。「24時間型社会」といわれるように、いつも誰かがどこかで忙しく働いてはじめて維持されている社会になっています。これから、夜間保育園として特に強調したいことはどんなことでしょうか。

杉山　ゆたかな夜間保育園という育児環境の中で育

っているこどもたちがいること、「なにがあった？」と目に見えないものも含めて感じ、子どもの心、親の思いを丸ごと受け止め、保護者自身の支援、親としての役割の支援を続ける園長、職員がこれからもこの国の夜間保育園にいるということです。

岡戸　昼間働いている母親にとって夕食は自分がつくって食べさせなければという強迫観念があります。夕方7時前に来てバタバタと連れて帰り、食事や風呂、寝かせる準備をします。その間子どもは一人でテレビを見ています。親子で触れ合う時間は取れないでストレスだけが残ります。親子の愛着関係はどこで育つのかわかりません。夜間保育園で夕食を園にゆだねる、その発想の転換で、お迎えに来た時にはすでに子どもは夕食を食べていますから、帰宅後一緒にゆったり風呂に入り、絵本を読んで寝かすことができます。

そうすると夫婦の自分たちの時間も持てます。「ねばならない」ということの視点を少し変えることで、親子の関係がよい方向に動き出します。愛着関係はそんなふうに育つのではないでしょうか。

逆に親子の時間をどうしても見つけられない親には、園の中で親子で触れ合うプログラムを設定して、保育士や他の親御さんと過ごす中で、自分の子どもにまなざしを向けることができるようになります。

天久　多くの夜間保育園は、一日平均16時間くらい園で過ごすことを保障しています。昼間の保育園は11時間です。要は、保護者にとって就労を保証するだけじゃなく、教育的なことも含め必要な時間を保障しようとしているのが夜間保育園です。この体制そのものが、保護者に寄り添い保護者をあるがままに受け止めるという姿勢だと思います。

基本的に夜間保育園は、子どもと生活を共にする親にまなざしが向いています。昼間の保育所の視点は子どもに視点を集中していますからそこが大きく違います。本来、子どもの生活は親とは切り離せないのではないでしょうか。夜間の保護者は少数者ですから、孤立しがちです。だから親のほうも園を頼りがちです。親に共感し、うなずいて励ますというのが昼間より濃いと思います。

夜間保育所ができて30年も立ち、この間、男女雇用機会均等法ができ、女性の社会参画が促進しました。それは一日の労働時間が延びるということであり労働が多様化するということです。夜間保育園にも、この状況を柔軟に受け止め新たな対応が迫られています。昼間保育所でもそこをふまえて十分に対応しないと生き残れない時代がそこにきています。

櫻井　労働形態の多様化に応じた夜間保育の展開というのが求められているということはよくわかりましたが、一方で子どもたちの育ちに昼間の生活で得られるべき経験とか集団遊びをどうとらえたらよいのでしょうか。

安梅　私たちは夜間保育が子どもの育ちにどう影響するのかを研究してきました。子どもの育ちに必要な環境は、世界中で共通した部分があります。夜間保育園では、十分にその基準を満たした環境で子どもたちが生活しています。子どもたちにとっては、質の高い保育園と保護者の愛情があって、愛着関係ができるといえます。

では、これから夜間保育園に何を特に期待するかといえば、2つあります。1つは「福祉重点型保育」です。今、子どもの虐待は年間6万7000件に達しようとしています。親子を完全に分けてしまうのではなく、夜間保育園のようなところで親子関係を見守りながら、保護者を支援していくことが望まれます。

もう1つは、親に寄り添う保育、「子育て重点型保育」です。「共に育てる保育」など、よい言葉で表現できるといいですね。そこにより専門性の高い保護者支援のスキルをもった保育士を配置する仕組みをつくれたら、マイノリティといわれる、うんと大変さをかかえる保護者を救えると考えています。

■子育て支援新制度に向けて

櫻井　ありがとうございました。最後に天久先生、連盟の会長さんとして夜間保育園が大きな制度改正に直面していますが、今後のあり方や展望をお聞かせください。

天久　認定子ども園については、新制度の内容が確定していないのでなんとも言えませんが、夜間保育園の認定子ども園ができるかという問題については、今出されている資料から見ると一概に朝から保育園を開けないと認定子ども園になれないという記述はありませんから、できないとはいえないと思います。可能性は十分にあると考えています。ただし、認定子ども園になるほうがよいかどうかについては、虐待など養護のケースなどの増加を考えると夜間保育園の緊急の受け入れ施設としての機能は棄てきれません。

今日も出ていましたが、もう少し現実的にも、制度的にも夜間保育園を上手に利用してもらえないかということがあります。その意味でも社会的養護の側面を考えると認定子ども園がよいのか、もう少し社会的養護施設に近寄ったほうがよいのかということが今後の課題ですね。いずれにせよ地域の夜間保育園が、最も受け入れられやすい施設になることが必要です。夜間保育園連盟もそれによって今後再編成されるだろうと考えています。

櫻井　ありがとうございました。今日は連盟に関わりの深い４人の先生方にお集まりいただき、これまでの30年間の保育の実践や研究、今後の課題等を語っていただきました。

先生方からは、それぞれのこれまでの実践面と研究面でのご苦労と、家庭的で保護者に信頼される質の高い保育園をめざしてこられたことが語られたと思います。子育て支援新システムの施行を目前に控えていますが、今後も従来の夜間保育園の実践の質をさらに高めるために、夜間保育園連盟の存在意義はいっそう大きくなると思います。

先生方のますますのご活躍を期待して、本日の座談会を終了させていただきます。皆さま、長時間大変お疲れ様でした。

（平成25年10月3日、京都リーガロイヤルホテルにて）

あとがき

編者が夜間保育園連盟の前会長の金戸述先生と初めてお会いしたのは、１９８０（昭和55）年11月に東京五反田の東興ホテルで開かれた乳児院協議会の全国代表者会議の席です。ベビーホテル問題への初めての公的対応の会でした。夜間保育園連盟が結成される3年前のことです。それ以来、夜間保育連盟とはお付き合いはかなり古いのですが、今まであまりお役には立てませんでした。

　夜間保育園連盟事務局から本書刊行に際して筆者に編集の手伝いの依頼があり、喜んでお引き受けしたのが２０１３（平成25）年5月のことでした。翌年2月に開かれる経験交流集会まではまだ時間がかなりあるとのんびり考えていました。しかし、その後実際には、２０１３（平成25）年12月の編集会議まで、6回ほどの打ち合わせや原稿依頼、座談会開催等であっという間でした。最後は間に合うだろうかと気を揉みましたが、なんとか発刊に漕ぎ着けることができました。

　子ども関係3法が２０１２（平成24）年8月に成立し、保育（所）制度は新たな段階を迎えようとしています。こうしたタイミングに、本書のような保育所のあり方の原点を問う書籍が出版されたことの意味には、今後の保育制度を考える上で極めて大きなものがあると思います。夜間保育園連盟の次の10年をめざすためのスタートがこうして切れたこと、そのことにささやかですがお役に立てたこと、ほっとしています。

最後になりましたが、事務局の皆々様、多くの会員園の先生方、北大路書房の北川芳美さん、ご協力本当にありがとうございました。

２０１４年１月

文教大学人間科学部教授　櫻井　慶一

夜間保育と子どもたち

30年のあゆみ

2014年２月20日　初版第１刷発行
2014年３月20日　初版第２刷発行

定価はカバーに表示してあります。

監　　修　全国夜間保育園連盟
編集(代表)　櫻　井　慶　一
発 行 所　㈱　北 大 路 書 房
〒603-8303　京都市北区紫野十二坊町12-8
電　話　(075) 431-0361㈹
FAX　(075) 431-9393
振　替　01050-4-2083

ISBN978-4-7628-2831-7　Printed in Japan

信ヶ原千恵子	(福)だん王子供の家　だん王保育園園長・全国夜間保育園連盟顧問	第2部第8章
財前　民男	(福)クムレ　小ざくら夜間保育園理事長	第2部第9章
河嶋　静代	北九州市立大学文学部教授	第2部第10章
萩原久美子	下関市立大学経済学部教授	第2部第11章
山縣　文治	関西大学人間健康学部教授	第2部第12章
櫻井　慶一**	文教大学人間科学部・同大学院教授	第2部第13章、座談会2
安達　和世	(福)山百合会　ペガサス夜間保育園前園長	コラム1
橋本充久仁	(福)慧誠会　すいせい保育所前園長	コラム2
堂本　暁子	前千葉県知事	コラム3
金戸　述	(福)四恩学園　四恩みろく保育園理事長・全国夜間保育園連盟元会長	コラム4
道林　信郎	(福)野町保育園　野町夜間保育園園長	コラム5
堀井　隆栄	(福)薬王園保育所　第2やくおうえん園長	コラム6
堀江　京子	(福)池内福祉会　かわらまち夜間保育園園長	コラム8
小笠原文孝	(福)顕真会　よいこのもり第2保育園前園長	コラム9
桑原　静香	(福)蓮華園　島地シティ夜間保育園園長	コラム10

(座談会)

矢巻　正幸	(福)だん王子供の家　だん王保育園主任保育士	座談会1
椋田　美貴	(福)無量寿会　みのり園園長	座談会1
岡戸　淳子*	(福)路交館　保育所あすなろ理事・全国夜間保育園連盟事務局	座談会1、2
杉山　えり子	(福)衆善会　衆善会夜間保育園園長	座談会2

■執筆者一覧（執筆順）■

*は編集委員　**は編集代表

天久　薫*	（福）四季の会　第2どろんこ夜間保育園園長・全国夜間保育園連盟会長	第1部第1章、座談会2
安梅　勅江	筑波大学医学医療系教授	第1部第2章、第3章、第6章第3節、座談会2
酒井　初恵	（福）正善寺福祉会　小倉北ふれあい保育所夜間部主任保育士	第1部第2章、コラム7、座談会1
宮崎　勝宣	（福）路交館　保育所あすなろ副園長・保育所豊新聖愛園	第1部第2章、座談会1
篠原　亮次	山梨大学大学院医学工学総合研究部講師	第1部第3章
杉澤　悠圭	牛久市　保健師	第1部第3章
渡辺多恵子	足利工業大学准教授	第1部第3章
片野　清美	（福）杉の子会　エイビイシイ保育園園長	第1部第4章第1節
金子　玲子	（福）徳栄会　もんもん保育園園長	第1部第4章第2節
草場加奈子	（福）路交館　保育所豊新聖愛園園長	第1部第4章第3節
髙良　桂子	（福）うるま福祉会　玉の子夜間保育園園長	第1部第4章第4節
近藤亜矢子	フリーライター	第1部第5章、座談会1
熊谷　彩乃	大学生（第2どろんこ夜間保育園卒園）	第1部第6章第1節
中川　祐輔	会社員（だん王保育園卒園）	第1部第6章第2節
田中　笑子	筑波大学研究員	第1部第6章第3節
冨崎　悦子	上智大学総合人間科学部助教	第1部第6章第3節
松本美佐子	二葉乳児園職員	第1部第6章第3節
杉田　千尋	常総市立絹西小学校教諭	第1部第6章第3節
枝本信一郎*	（福）路交館　保育所あすなろ理事長・全国夜間保育園連盟副会長	第2部第7章

■写真提供園一覧（五十音順）■

エイビシイ保育園（第4章、口絵）
エンジェル保育園（口絵）
カナリヤ保育園（口絵）
きらら保育園（口絵）
けいわ星の子保育園（口絵）
小ざくら夜間保育園（第9章、口絵）
四恩みろく保育園（口絵）
衆善会夜間保育園（第1章）
第二わかば園（口絵、資料編）
高松第二保育園（口絵、資料編）
玉の子夜間保育園（第4章）
だん王保育園（第8章、口絵）
千代保育園（第11章、口絵）
豊新聖愛園（第4章）
野町夜間保育園（口絵）
みのり園（第11章、口絵）
もんもん保育園（第4章）
夜間保育所あすなろ（口絵、資料編）
六満こどもの家（口絵）
若葉保育園（口絵）

資料編

資料1　10周年記念大会宣言

大　会　宣　言

全国夜間保育園連盟結成 10 周年の記念すべき研究大会にあたり、子どもたちの未来の為に私たちは次の通り宣言する。

私たちは、夜遅くまで働く保護者とともに次の世代を担う子どもたちを真心込めて育てます。

夜間保育園が一人ひとりの子どもの個性を伸ばし、豊かにはぐくむ場であるよう保育内容の充実と環境の更なる整備に努めます。

児童憲章の精神に則り、夜間保育園の日々の仕事に携わるものの資質と技術の向上に努めます。

ベビーホテル問題が象徴する『闇に漂う子どもたち』の存在を許さぬ国の施策の実現と社会の理解を不断にもとめます。

少数者への友情と理解が、地球優しい精神を基盤に、人類のみならず生きとし生けるもの全ての連帯の輪へと発展する契機となることを祈り、積極的に推進します。

以上

一九九三年三月一日

全国夜間保育園連盟結成一〇周年記念

第六回全国夜間保育園研究大会　　参加一同

資料2　倉敷宣言

倉 敷 宣 言

夜間保育所制度発足二十周年を記念し、夜間保育所第一号発祥の地倉敷市において開かれた経験交流研修会開催を機に、児童福祉のより一層の充実を念願して、以下の通り宣言する。

ベビーホテル問題が発生した二十年前、劣悪な営利目的の「無認可保育園」に"闇に漂う子どもたち"が大都市部を中心に顕在化、社会問題として国会は満場一致、夜間保育所制度を誕生せしめた。

爾来、全国夜間保育園連盟は、各地の夜間保育所と一致連携して夜間の時間帯に「保育に欠ける」乳幼児の人権を守り、夜間保育の質を高める研鑽努力を重ねてきた。

今回、厚生労働大臣より「各地の夜間保育所を利用する子どもたちとその家族の生活に大きく寄与するもの」とのご評価をいただき私たち全国夜間保育園連盟に感謝状が贈呈されたところである。

この栄誉を新たな発祥として、「夜間保育の質を高め、子どもの権利を守ろう」とのテーマを掲げた本研修会においては、被虐待児への対応も積極的に推進するべく、この二十年間の夜間保育で蓄積したノウハウを活用する決意が確認された。

時あたかも、餓死に至る陰惨な虐待事件も発生している。弱い立場にある乳幼児を守るため、われわれは、長年夜間保育に携わった現場実践者として、既存の子育て支援をさらに拡大し、以下を緊急課題として掲げる。

一、　夜間・深夜にも対応できる「子育て相談」事業の展開。

二、　ニーズの多様化に弾力的対応可能な夜間保育所の特長を活用し「虐待の予防」の機能の充実。

三、　児童相談所、乳幼児関係諸施設等との連携強化。

以下三点の解決に全力の傾注を公に誓い、厳かに宣言する。

二〇〇二年二月十七日全国夜間保育園連盟会員一同

資料3　大阪宣言

大　阪　宣　言

平成二十年十二月一日

全　国　夜　間　保　育　園　連　盟

第二十一回全国夜間保育園経験交流研修会参加者一同

『改めて夜間保育園の役割を考える　～保育制度改革の中で夜間保育園は～』のテーマで平成二十年十一月三十日から十二月一日に大阪で開催された第二十一回全国夜間保育園経験交流研修会の参加者一同は、以下の通り宣言する。

往年のベビーホテル問題以来、まずは子どもの命を守ることを第一に考え保育に取り組んできた夜間保育園は、保護者の就労を支える役割を果たすだけでなく、要保護に陥る寸前の準要保護児童を保育し、一人親家庭の支援も含めて家庭崩壊を未然に防止し、ギリギリのところで親子ともども支えてきた。

このような夜間保育園の取り組みの経過と実績から考えて、市場原理に基く直接契約制の導入は結局子どもの幸せを守れなくなるため、その導入には断固反対することを宣言する。

また、社会的養護の前段階にある子どもや保護者、双方の支援を一体的に提供することがこれからの夜間保育園の役割であると考え、その実現のためには以下の課題があることを確認した。

一、　特段の親支援が必要であることが夜間保育園の箇所数増の阻害要因になっていることも考え合わせ、親支援に専従できる主任級保育士などの専門職員を夜間保育園に配置することが必要である。

二、　児童相談所や社会的養護に関わる施設、地域の行政機関等とのネットワークの構築にかかわりつつ、所要の親支援の役割を広域的に果たすため、夜間保育園に児童家庭支援センターを付置することが必要である。

三、　社会的養護に関わって、保育所的機能を有効活用するため、保育ソーシャルワークの役割を担う「保育福祉士（仮称）」のような資格制度を創設し、これを児童家庭支援センターに配置するなどの対応が必要である。

以上

平成22年度

全国夜間保育園利用者調査

―現状と課題―

【改 訂 版】

2010. 10. 15

全国夜間保育園連盟

ごあいさつ

全国夜間保育園連盟
会長　天久　薫

昭和56年，ベビーホテル対策として，延長保育とともに発足した夜間保育事業は，当初，保育時間が午後２時から午後10時までの８時間と極めて中途半端な時間帯の保育時間でスタートしました。その中途半端さを改善するため，夜間保育園の保育時間は徐々に拡大し，現在では，基本時間は午前11時から午後10時まで，前後に延長保育が13時間可能で，実質的には24時間保育が可能な状況に至っています。

このような状況下で，現在の夜間保育利用者を，利用時間を基準に区分してみますと，①基本型（基本時間内），②延長型（朝延長＋基本時間），③深夜型（基本時間＋深夜延長），④延長深夜型（朝延長＋基本時間＋深夜延長），の4つのパターンに分けられます。全国の夜間保育園は，この四つの型を基本とした組み合わせによって保育を実施していますが，いずれの園もかなりの開所時間を保障していることが大きな特徴です。

ちなみに当園（福岡市　第２どろんこ夜間保育園）は，開所時間が午前７時から午前２時までですから，この四つの型の全てを含みますが，全園児44名中，①型10名，②型10名，③型17名，④型７名，です。24名（55％）が午後10時を超えて降園しますが，17名（39％）が午前11時より早く登園します。夜間保育の特徴である，母子（父子）家庭の多さ，低所得層の多さ，長時間保育の多さが如実にみられます。これが，午後10時までの①型および②型のみの夜間保育園になると，保護者層も昼間保育園の保護者層に近づいていきます。

現政権は，この６月に「子ども・子育て新システム」の基本制度案要綱を発表しました。それによれば，これまで夜間保育園は昼間保育園と並列して存在してきましたが，今回の要綱では，昼間保育，夜間保育の重なり合った部分は昼間保育園に吸収され，夜間部分のみが付加的サービス（夜間保育）として位置づけられているようにみえます。

このような保育の制度改革が企図される中，帯広市で行われる今年度の大会に間に合わせるかたちで，前年度に引き続き，「全国夜間保育園利用者調査」を実施しました。これらの調査が，現代社会に不可欠な保育サービスを提供している夜間保育園の運営基盤の充実・確立に少しでも役立つことを期待します。

今回の調査分析及び報告書作成は，前年に引き続き，文教大学人間科学部教授　櫻井慶一先生にお願いいたしました。お忙しい中，貴重な時間を割いていただきましてまことにありがとうござました。また，調査にご協力いただいた全国夜間保育園連盟加盟の各夜間保育園の園長先生方，諸先生方に深く感謝申し上げます。

利用者調査結果目次

（備考）本調査報告書中の表番号は，本書での体裁をととのえるために，原調査報告書（2010年10月）と異なっている。

1．調査の概要

(1) 調査の目的

夜間保育事業が創設され30年になろうとしている。この間，夜間保育園は，各地域社会の重要な生活支援拠点施設の一つとして大きな役割を果たしてきた。しかし，連盟に参加する夜間保育園の数はいまだに62園（平成22年度）であり，その存立自体にも危機感を持たなければならない状況である。

「こども園」構想による幼稚園と保育園の一体化案など保育園制度全体の改革が大きな問題となっている今日，地域社会の最後のセーフティーネットの一つとして，なくてはならない貴重な役割を果たしている夜間保育園の現状を明らかにしておくことは極めて重要と思われる。もちろんそれは，夜間保育園の今後のあり方におよび新たな「制度改革」に向けて，夜間保育園連盟としての提言をするための基礎資料にもなろう。そのために簡単な調査を昨年度にひきつづき，一部項目を修正・追加して実施することとしたものである。

(2) 調査主体と対象

全国夜間保育園連盟事務局が各園に直接調査依頼をおこなった。調査対象は全国の認可された夜間保育園のうち，2010年６月20日現在の夜間保育園連盟に加入している62園である。

(3) 調査の方法

質問紙にもとづく郵送調査。実施した質問表は，施設の定員，開所時間，実施しているサービス概況等を知るための「調査基礎データアンケートⅠ」および利用者の概況を知るための全国夜間保育園連盟児情況調査表「基礎データーアンケートⅡ」の２種である。

(4) 調査の期間と調査票の回収

調査期間は2010年６月20日～７月17日。回収数は，「調査基礎データアンケートⅠ」は34園（回収率54.8％），「基礎データーアンケートⅡ」（個人データ分）は同，1344人分であった。（調査基礎データアンケートⅠの合計在籍児童数の合計は1344人分であるが，実際の個票分の入力があった児童の合計数は1336人であった）。なお，回収率はほぼ昨年並みであった。

(5) 調査分析と報告書の作成

全国夜間保育園連盟事務局の依頼にもとづき，文教大学人間科学部　櫻井慶一が行った。なおデータ入力の一部作業については，文教大学櫻井ゼミの学生に協力をいただいた。さらに，最終報告書作成後の８月中旬に１園の追加回答があり，その数値を反映した新たなものを帯広大会【平成22年８月28～29日】開催から２ヵ月後の10月15日に『改訂版』として作成し，あわせて前報告書（８月28日発行）の数値等の細かなミスなども訂正し，関係者に配布するものである。

2. 調査結果

(1) 保育園の概況（「調査基礎データアンケートⅠ」から）

1）定員充足状況等

「調査基礎データアンケートⅠ」（概況表）から見える回収された34園の定員充足状況や保育サービスの概況は以下の表(1)－1～4のような状況である。(各表の集計結果は，原則として小数第2位を四捨五入しているので合計が100％にならないところがあるが，各表中では概数で便宜的に100％として処理している。またデータの一部に記入が無いものを除いて集計しているところでは母数が異なる場合があるが　，その場合は原則として各表の下に（注意）書きをおこなった)。

今回の利用者調査「調査基礎データアンケートⅠ」で回収できた保育園数は加盟62園中の34園（54.8％）である。回収できた夜間保育園34園分の施設の定員，在籍児童数，昼間併設園の有無，併設園の定員等の概況は表(1)－1の通りである。

34園中で夜間保育園単独で経営を行っているのは7園（20.6％）で，残りの27園は併設園を所有していた。また，併設園を有している27園中，昼間の重なる時間帯について昼間保育児と夜間保育児を原則として合同で保育をしているところが19園，単独が8園であった。

表(1)-1　保育園別定員等概況

保育園番号	定　員	在籍児数	定員充足率	併設園の有無（両園の保育形態）	併設園の定員	併設園の現員
1	60	57	95.0%	なし		
2	30	32	106.7%	なし		
3	30	40	133.3%	なし		
4	45	54	120%	あり（単独）	90	99
5	45	54	120%	あり（合同）	90	99
6	45	38	84.4%	あり（単独）	60	49
7	30	23	76.7%	あり（合同）	80	80
8	30	31	103.3%	あり（合同）	90	85
9	40	40	100%	あり（合同）	60	61
10	30	26	86.7%	あり（単独）	60	69
11	45	54	120%	あり（単独）	60	72
12	30	40	133.3%	あり（合同）	120	151
13	30	35	116.7%	あり（合同）	120	124
14	30	24	80%	あり（合同）	150（2園分）	143（同）
15	30	32	106.7%	あり（合同）	30	24

16	45	45	100%	あり（合同）	120	130
17	30	21	70.0%	あり（合同）	90	101
18	30	34	113.3%	あり（合同）	180	207
19	45	50	111.1%	あり（合同）	120	141
20	60	63	105%	なし		
21	30	17	56.7%	あり（合同）	120	125
22	30	33	110.0%	あり（単独）	330	359
23	56	61	108.9%	なし（単独）		
24	45	44	97.8%	あり（合同）	90	106
25	45	51	113.3%	なし		
26	20	19	95.0%	あり（合同）	200	246
27	30	29	96.7%	あり（合同）	120	139
28	60	67	111.7%	なし		
29	45	52	115.6%	あり（単独）	120	139
30	30	31	103.3%	あり（合同）	60	68
31	30	27	90.0%	あり（単独）	120	121
32	45	52	115.6%	あり（合同）	90	96
33	30	36	120.0%	あり（合同）	235	285
34	30	32	106.7%	あり（合同）	230	264
合　計	1286	1344	104.5%		3235	3583

表(1)-1から，併設園を除く夜間保育園の定員充足率の単純平均を求めると，34園で定員1286人に対し，1344人の在籍児童数であるので，一園あたり人数は約40人となり，定員充足率は104％となった。この結果は昨年度とほぼ同様であった。

表(1)-1から分かるように，今回調査では全体の3分2の23園が定員ちょうどまたは定員超過で，最高は133％が1園であった。また11園が定員割れの状況で，最もひどかったのは保育園番号21の56.7％（1園）であつた。

同様に，併設園を所有する27園について併設園だけの定員充足率を求めると，27園で3235人の定員に対して，在籍児童数は3583人であるので，111％となっている。夜間保育の定員割れ分を昼間の併設園で埋めている状況がみられる。

また，夜間保育園の在籍児童数の最大は67人（1園）で，50人を超える園が11園となっている。反対に，在籍児童数の最小は17人で，10人台（2園）と20人台の合計は8園である。

近年のわが国の保育園の状況は，統廃合や民営化などの影響での大規模化と過疎地などでの小規模化が同時に起こっているが，夜間保育園についても

同様な傾向が感じられる。なお，表では分からないが，定員割れ園は地域に関係なく存在していた。夜間保育園でも定員割れ対策が課題になる地域もあり，制度の改善やまたその運営方法に工夫が必要であることを示唆している。

2）定員充足率の推移

この10数年間の定員充足率の推移をみたものが表(1)-2である。利用者概要が分かる前回調査が1996年10月1日時点で夜間保育園連盟が実施した調査結果＝『多様化する夜間保育園　第3回全国夜間保育園連盟実態調査報告書』1997年3月刊，(以下，96年調査と略記する)であるので，それと比較すると，若干の上昇はあるが，ほとんど差は見られない。表ではわからないが，96年当時では，31施設のうち，100％が12園，定員超が23園となっており，全体の3分の2の園が定員を充足していた（96年『調査』，7頁)。そうした状況も夜間保育園に関しては今日とあまり変わらないといえる。

表(1)-2　夜間保育園の定員充足率推移

	定員合計	在籍児童数	充足率
96年調査	1006人	1003人	99.7％
今回調査	1286人	1344人	104.5％

（注意）96年調査時点では回答のあった保育園数は31園。

3）保育サービスの概況

①開所時間の概況

夜間保育園の大きな特徴の一つに，その開所している保育時間が長いということがある。夜間保育園の開所時間の基本は午前11時から午後22時までとしながらも，地域の実情に応じて，午前前倒し，午後延長などの方法で実際の開所時間はかなりの時間をカバーしているのが実情である（周知のように現在は通常の保育時間に加えて午前7時間，午後7時間の各延長保育が認められているので，24時間開所が可能である)。

「調査基礎データアンケートⅠ」にもとづき，開所している保育時間をまとめたものが表(1)-3である。大きく6区分に分けてみたが，実際には必要に応じてこの時間を越えて,臨機応変に保育している（保育せざるを得ない）園も多いと思われる。

34園中で最も多いのは，午前7時から牛後10時までのもので全体の3分の1の11園であり，ついで午前7時～8時から翌日の午前0時～2時まで開所している9園である。24時間開所も3園あった。いずれにせよどの園も表のようにその開所時間は15時間以上の長時間となっている。夜間保育園の本来の基本時間と考えられている午前11時～牛後10時で対応できる児童数は限られており，午前または午後の延長保育との組み合わせで地域の必要な保育ニーズが充足されているのが実情である。

表(1)-3　夜間保育園の開始及び終了時間(開所時間)

開始時間	終了時間　(開所時間)	保育園数
午前7時	午後10時(15時間)	11
午前7時～8時	午前0時～午前2時(17～18時間)	9
午前6時～6時30分	牛後22時～23時(16～17時間)	3
午前9時	牛後10時～午前2時(16～17時間)	5
午前10時～11時	牛前1時～2時(15時間～16時間)	3
午前6時～7時	同　　左　(24時間保育)	3

②一時保育及び学童保育の概況

夜間保育園が長時間の開所時間を有するという特徴を生かして多様なニーズに応え，様々な保育サービスを提供していることは必ずしも知られていない。そのサービスの代表的なものとして，一時保育と学童保育がある。夜間保育園の利用児童が小学校などに入学したとき，夜間の一時保育や学童保育がなければ困るだろうとは誰にでも推測されるが，その実施は対象児が限定されていることなどもあり，経営的には必ずしも容易ではない状況がある。それらの実施状況をまとめたものが表(1)-4である。

一時保育，学童保育ともに実施しているのは13園，どちらかは実施しているのが7園，どちらも実施していないのは14園であった。表からは分からないが，このうち一時保育事業では8園が園の自主事業（サービス）である。また同様に学童保育でも12園がそうであった。ちなみに学童保育では保育園の開所時間に合わせて深夜まで，また6年生まで受け入れている園もあったが，それらの多くは自主事業としてのそれであった。

深夜にまで及ぶそうした保育サービスが補助金対象事業ではなく，園による自主事業によって行われている現状は当面の大きな制度改善課題に思われる。

表(1)-4　一時保育と学童保育の実施状況

		一時	保育
		有	無
学童保育	有	13	5
	無	2	14

(2) 利用者の概況（「基礎データーアンケートⅡ」から）

1）年齢別の利用児数と比率

利用していた児童1336人の年齢区分は右表(2)-1のようになっていた。0歳児の利用児童数は相対的に他の年齢に比して少ないが，1歳から5歳児まではほとんど差はなかった。長期間にわたり利用する者が多いという夜間保

育園の大きな特徴である。

また，表(2)-1のように，利用児童の年齢別比率を96年10月の全国の昼間保育所と比較すれば，全国のそれが3歳未満児（0～2歳）の利用率は合計しても27%程度であることに対して，夜間保育園では46%以上にもなり，未満児の入園比率が極めて高いという夜間保育園の第2の大きな特徴も示している。

表(2)-1　夜間保育園　年齢別児童数(比率)の推移と全国比較

年齢	夜間保育園児童数(比率)	全国の昼間保育園利用児比率	96年調査利用児比率
0歳	132(9.9%)	2.3%	9.6%
1歳	259(19.4%)	10.4%	16.8%
2歳	227(17.0%)	14.3%	19.1%
3歳	248(18.6%)	18.9%	19.9%
4歳	260(19.5%)	21.4%	15.6%
5歳	199(15.0%)	21.9%	13.6%
6歳	10(0.7%)	10.9%	5.5%
合計	1336(100%)	100%	100%

(注意)全国の昼間保育園利用児童比率は07年10月1日数値。　厚生労働省『社会福祉施設等調査報告』調べ。

①夜間保育園利用児童の6歳児比率が全国平均に比して著しく低いのは，今回の調査基準日が6月1日のためと思われる。

②表の人数が先の表(1)-1の1344人と異なるのは，各園からの実記載分だけ集計しているためである。

96年調査では，「0歳児で入園して，卒園まで在園している子どもは必ずしも多くない」(同調査報告書，71頁)とされていたが，近年では，表のように4歳児，5歳児の利用比率が96年調査時点に比較して増加している傾向がある。このことは後の表(2)-3とも関連することであるが，0歳から入園し，そのまま年長児（5歳），卒園まで，長期間にわたり当該保育園にいる率が相対的に高まっているように思われる。

あらためて指摘するまでもないことであるが，このことは，各保育園にとってはより長期的な個別的な保育の計画が必要であるということであり，それを実行可能とするスタッフの質的，量的充足が強く求められるということになる。

2）性別児童数

表(2)-2のように，1336人の利用児童数の性別では，男児が717人（53.6%），女児が619人（46.7%）となっており，男児の割合がやや高くなっている。

表(2)-2　性別児童数

性別	人数
男	717
女	619
合計	1336

3）入園年齢

表(2)-3　入園時年齢別人数

年齢	人数（比率）	96年調査比率
0歳	779（58.3%）	40.8%
1歳	307（23.0%）	20.8%
2歳	125（ 9.4%）	16.6%
3歳	85（ 6.4%）	10.4%
4歳	29（ 2.2%）	6.9%
5歳	11（ 0.8%）	4.1%
6歳	—	0.4%
合計	1336（100%）	（100%）

当該夜間保育園への入園時年齢を調べたものが，表(2)-3である。

その6割近くが0歳児時点での入園であり，2歳までで約90%もの率を占めている。

0歳児の入園率は96年調査にくらべてもかなりの増加を示しており，夜間保育園でも低年齢化が急速にすすんでいることがわかる。

またこの表の意味は先の表(2)-1と重ね合わせて考えると，0歳児で入園し，夜間就労を必要とするという保護者の特殊な就労条件に規定されるかたちで，他の昼間園への移動は難しく，結果的にそこを利用する児童の長期化＝固定化傾向が強まっていることとも推測できるものである。　このことは先にも述べたが，各保育園には夜間という環境をできるだけ補う長期の多様な保育計画を立てる必要性と，より一層の家庭的な丁寧な対応を可能とする施設環境が望まれているということでもある。

（本年度では集計しなかったが昨年度調査では4年間以上の長期利用児210人のうちの約3分の2の132人は，0歳児で入園しそのまま利用している児童であった）。

4）家族形態

夜間保育園を利用している家庭の家族形態を調べたものが表(2)-4である。家族形態では，両親家庭が74.5%と多いが，母子家庭も24.1%ときわめて高く，父子家庭も19人（1.4%）存在している。

表(2)-4　家族形態

家族形態	人数（比率）	96年調査
両親家庭	995（74.5%）	770（68.1%）
母子家庭	322（24.1%）	338（33.8%）
父子家庭	19（ 1.4%）	23（ 2.0%）
合計	1336（100%）	1131（100%）

夜間保育園にこうしたひとり親家庭が多いことは96年調査と同様な傾向であるが，表からは，今回調査ではむしろ母子家庭等の割合はやや減少しており，最近の離婚率の上昇傾向を考えると意外に思える面もある。こうした背

景には，現代社会での夜間保育園の利用者の「一般化」（夜間就労の一般化）＝夜間保育園の必要性が背景にあると推測されるが，母子家庭率はそれでも一般の昼間保育園のそれが６％強程度といわれることに比べるならばかなり高い。今後も昼間保育園とは異なる保護者特性にふまえたきめ細かな対応が夜間保育園に求められているといえる結果である。

5）登園時間，降園時間と利用時間

夜間保育園を利用している児童の通常の登園時間を調べたものが表(2)-5aである。登園時間のピークは一般の保育園と同様に朝の８時台であるが，ぎりぎりで昼食（給食）を食べると推測される時間帯の午前10時を過ぎてから正午までの登園児も299人もおり，午前中に登園しているものの総計は1055人（83.3%）である。

表(2)-5aから気になることは，一般的な夜間保育園の保育開始時刻の午前11時以降に登園する利用層に占める母子・父子家庭率が高いことである。表(2)-5aで午前10時以降登園の全体数は509人であるが，そのなかでは188人(36.9%）が母子家庭等である。さらに遅い午後から登園の全体210人中では96人（45.7%）が母子家庭等であった。　表では分からないが最も遅い登園児は夕方６時半からで，利用児童の２人は母子家庭であった。

午後からの時間帯の利用者の多くは，次の表(2)-5bの降園時間が深夜までに及んでいる層と重なる部分が多い。子どもの成長に一般的には良くないとされる夜遅くや深夜の利用がそれらの家庭層に多いことは，単なる時間保障だけの保育対策だけではない総合的な夜間保育園の対策が必要であることを感じさせる。

表(2)-5a　通常の登園時間

登園時間	人数（比率）	うち母子家庭等（割合）
８時になる前	122（ 9.6%）	24（ 7.3%）
８時～10時前	634（50.1%）	115（35.3%）
10時～12時前	299（23.6%）	92（28.1%）
12時～15時前	142（11.2%）	60（18.3%）
15時～18時半まで	68（ 5.4%）	36（11.0%）
合　計	1265（100%）	327（100%）

（注意）上記数字は時間の正確な記載のあった者だけの数である。

ついで，表(2)-5bは夜間保育園利用者の降園時間を調べたものである。ここでも参考までに母子家庭等の利用児童数を右欄に掲げた。表からは，夜間保育園の降園のピークは多くの昼間保育園と同様に午後６時～午後８時であることが示されている（表では分からないが19時半から20時の間で帰宅する児童が181人と最も多くなっている）。

こうした利用背景には午後8時を過ぎると，夜間保育園では一般に夕食が供せられる時間になり，家庭にとっては経済的な負担が生じるので降園する家庭が多いことも一因と推測される。

表(2)-5b　通常の降園時間

降園時間	人数（割合）	うち母子家庭等（割合）
16時より前	4（ 0.3%）	1（ 0.3%）
16時～18時より前	130（10.7%）	24（ 8.2%）
18時～20時より前	638（52.5%）	118（40.4%）
20時～22時より前	300（24.7%）	77（26.4%）
22時～24時より前	73（ 6.0%）	24（ 8.2%）
24時～午前2時より前	58（ 4.8%）	38（13.0%）
午前2時～午前3時より前	13（1.1%）	10（ 3.4%）
合計	1216（100%）	292（100%）

（注意）上記数字は時間の正確な記載のあった者だけの数である。

表(2)-5bからは夜間保育園の規定の午後10時を超えるものが全体で144人（11.9%）もいることが示されているが，そのうちちょうど半数の72人が母子家庭等である。一見して分かるように時間帯が遅くなるにつれ母子家庭等の利用率が加速度的に高まっており，母子家庭等に限定しては全体の24.6%が午後10時を超えての時間帯の利用者である。母子家庭の母親が生活のために夜遅くまで働かざるを得ないわが国の現状を示すものであり，当該家庭にとって夜間保育園が文字通り生活支援施設としてなくてはならないものであることを示している。

またこうした降園時間が深夜にまでおよぶ利用者は午前10時以後または午後からの登園者が比較的多いのも実態であるが，同じ，例えば10時間の利用（滞園）時間でも，昼間と夜間とでは疲労度がかなり異なるのは言うまでもないことである。夜間保育には利用時間の長短だけの問題ではなく，生活リズムの乱れや昼間の生活体験が限られてしまうなどの問題点があり，就労支援の視点からの支援だけではない総合的な子育て支援の視点が強く求められている。

こうした登園時間や降園時間を見たときに，次に問題になるのは実際に利用している保育時間の長さである。表(2)-5cはそれをみたものである。9時間から11時間未満の時間帯の461人（37.4%）をピークに，11時間～13時間未満も393人（31.9%）と万遍なく分布している。近年では昼間の利用児童に長時間化の傾向があるが，表からは昼間の利用児童では考えにくい通常の保育時間が15～17時間半にも及ぶ児童がいることに驚かされる。

本表(2)-5cとの関連で、夜間保育園連盟としての制度的な課題を指摘するならば，周知のように現在の保育園の運営費の担保はおおむね11時間以内

とされている。それを超えた時間がいわゆる自己負担を原則とする延長保育の対象となるわけである。夜間保育園では全体の1232人中の531（43%）人がその時間を越えた利用者である。夜間保育園の運営費の体系（補助金のあり方）をどうしたら良いかを考えさせる数値である。ちなみに表(2)-5cからは運営費が仮に13時間を担保する構造であれば，全体の1割強がそれを超える程度になることも示唆している。後でも述べるように夜間保育園の利用者とりわけ母子家庭の収入が低いことは事実である。夜間保育園にとっては運営費の積算根拠となる保育時間をどうするかは大きな課題である。

また，ここでも母子家庭が，15時間以上の利用者22人のうちで13人（59%），15時間超の利用者では5人すべてが母子家庭であった。まさしく，労働面から見える貧困の「母子家庭への集中」が起こっているといわざるを得ない現状である。

表(2)-5c　利用している保育時間

利用時間	人数（割合）	うち，母子家庭等（割合）
7時間未満	27（ 2.2%）	9（ 2.8%）
7時間～9時間未満	213（17.3%）	57（18.0%）
9時間～11時間未満	461（37.4%）	92（29.0%）
11時間～13時間未満	393（31.9%）	102（32.2%）
13時間～15時間未満	116（ 9.4%）	44（13.9%）
15時間	17（ 1.4%）	8（ 2.5%）
15時間超～17時間30分	5（ 0.4%）	5（ 1.6%）
合計	1232（100%）	317（100%）

6）類型別の夜間保育園の利用児童数

今回の利用者調査でも報告書作成者は，夜間保育園の利用者パターンを昨年度『調査報告書』同様に，下表(2)-6のように終了時刻に着目して大きく6つのタイプに類型化した。従来は本「報告書」の会長の「ごあいさつ」にあるように，保育園の開所時間などを基本に4つの類型化を行ってきたが，今日ではほとんどの夜間保育園が午前および午後への保育時間の延長を行っており，運営（開園）時間だけでは利用者の利用時間を基準に，利用者の正しい類型化（実態把握）は一般の人には困難に思われるので，便宜的にここでは昼間の保育園との対比の意味を含めた簡単なまとめをおこなった。(表では，保育園の開始時間については表(2)-5cにより，短時間の利用者は少ないことが分かっているので，終了時刻から引き算すれば保育開始時刻はほぼ検討がつくので，あえて表がこれ以上繁雑になることを防ぐために区別はしなかった)。

表(2)-6　夜間保育園の利用者の利用類型とその人数

区分・類型	利用時間		利用者人数（比率）	うち，母子家庭等（比率）
	開始時間	終了時間		
①昼間保育園型	午前・午後	午後20時未満	659（49.3%）	112（32.8%）
②昼間保育園超延長型	午前・午後	20時～22時未満	390（29.2%）	98（28.7%）
③一般夜間保育園型	午前・午後	午後22時まで	79（ 5.9%）	24（ 7.0%）
④深夜型夜間保育園	午前・午後	22時超～24時	74（ 5.5%）	27（ 7.9%）
⑤超深夜型夜間保育園	午前・午後	24時超	133（10.0%）	79（23.2%）
⑥宿泊型	午前・午後	朝まで	1（ 5.5%）	1（ 0.3%）
合計			1336（100%）	341（100%）

（注意）実時間の報告がある者のみの集計である。宿泊型利用は調査基準日の６月１日時点では１人しか利用者報告はなかったが，利用時間が夕方から翌日朝８時以後とする明らかに宿泊利用と思われるケースが３人あった。

類型別の通常の利用者でもっとも多いのは，①の昼間保育園型である。全体の半数，659人（49.3%）はこのタイプとして夜間保育園を利用していた。利用者パターンで言えばいわば昼間保育園の代用型である（ただし，そうした利用者でも，時々遅くなるときがあり，その時間を越えて利用する者が3分の１程度はおり，夜間保育園ならではの安心感から利用しているとは想像される）。

ついで②の昼間保育園の超延長型で，390人（29.2%）の利用があった。国の夜間保育園の標準型の午後10時までの利用は79人であった。それ以下のタイプはかなり分散しているが，⑤超深夜型，133人，④深夜型，74人，そして⑥宿泊型の順である。

表からわかるように約78%の児童は午後10時までに降園しているのが現状である。ちなみに，96年調査では，20時までに降園するものが34.1%，22時までに降園するもの68.1%，24時までに降園するもの79.2%となっていた。表からはむしろ降園時間（利用時間）については96年当時より早まっている傾向が感じられる。断定できないことであるが，近年の不況に伴う残業時間の減少がこうした一因とも推測される。

しかしここでも，母子家庭ではその約25%が夜中の12時を越えており，22時以後になる者も３分の１近いことに驚かされる。長時間，夜遅くまで母子家庭の母親は働かざるを得ず，関連してその保護する児童が夜遅くまで保育園に預けられている状況が良く分かる結果である。

夜間保育園の将来展望を考察するとき，①の一般の昼間保育所型ニーズにどこまで対応するかはすべての保育園に必須のことと思われるが，③以後の夜間保育園本来の機能をどう強化・発展させるのかも問われている。当面の制度改正問題に関連させて考えるならば，表(2)-5ｃでも述べたように，運営費の担保されている保育園の開所時間の基本11時間を各保育園が24時間の

どの時間帯に設定するかが問題となると思われる。

7）夕食の摂食状況

夜間保育園の規定上，またその利用者形態上の大きな特徴となっているものに昼食に加えて夕食をとるという2回の給食制度がある。もちろん，夜間保育園の利用児童のすべてが毎日食べているわけでないことは，先の表(2)-5cでも夕食が提供される午後8時になる前に帰宅している児童が多いことからも推測されるが，多くの児童は夕食を食べてから帰宅しているのが事実である。表(2)-7はそれをまとめたものである。

週に3回以上食べる児童は877人，週に3回未満は310人の総計で1155人であった。今回の調査の夜間保育園の全体利用児童数が1336人であることから，夜問保育園児童の約9割は回数の多寡はともかく，夕食をとってから帰宅していることになる。夕食給食サービスは利用者にはきわめてニーズが高いことを示す結果である。

夕食の時間はどの夜間保育園も1日の中でも最も家庭的な時間として大切にしているものである。今後もさらに夕食調理のスタッフ，献立内容などの一層の充実が期待される結果である。

表(2)-7　夕食の摂食状況

週に3回以上食べる児童数（うち，母子家庭の人数）	週に3回未満食べる児童数（うち，母子家庭の人数）	合計
877（265）	310（34）	1187（299）

8）保護者の職業

保護者（父母）の仕事内容について調べたものが表(2)-8aである。保護者の職業区分については，バブル崩壊以後の社会情勢を考えると，96年調査との比較が重要と思われたが，96年調査には今回と同じ調査項目が「無職」および「その他」以外になく，まったく比較の意味がないのでここでは省略せざるを得なかった。

実際の職業別では父母共に会社員の割合が高く（父親，34.5%，母親24.0%），ついで父親では土建や建築，理容師，美容師などの技能職（15.8%），母親では飲食サービス業従事者（17.8%）の順となっていた。それ以下ではかなり分散している。

夜間保育園利用者の特徴として，母親に限らず，父親でもこのように職種のばらつきが非常に大きいことがあげられる。夜間保育園利用者を，「○○の職種で働く人が多い」というような一般化は今日ではかなり困難である。ただし次の表(2)-8cにみるように母子家庭については「飲食サービス業従事者」を中心にかなりはっきりした利用傾向がみられるようである。

表(2)-8a　父親・母親の職業

職業	父親数（比率）	母親数（比率）
①飲食サービス業自営	113（11.2%）	77（5.9%）
②飲食サービス業従事者	58（5.7%）	230（17.8%）
③遊戯系サービス業自営	4（0.4%）	5（0.4%）
④遊戯系サービス業従事者	12（1.2%）	32（2.5%）
⑤教育職	41（4.1%）	62（4.8%）
⑥技能職	160（15.8%）	101（7.8%）
⑦販売業自営	44（4.4%）	26（2.0%）
⑧販売業従事者	57（5.6%）	141（10.9%）
⑨専門技能職	57（5.6%）	145（11.2%）
⑩公務員	37（3.7%）	21（1.6%）
⑪会社員	349（34.5%）	311（24.0%）
⑫福祉職	16（1.6%）	58（4.5%）
⑬在宅（内職）	1（0.1%）	9（0.7%）
⑭無職	21（2.1%）	49（3.8%）
⑮その他	27（2.7%）	17（1.3%）
⑯不明	14（1.4%）	11（0.8%）
合計	1011（100%）	1295（100%）

また同様に，今日的にはその雇用形態もそれが常勤なのか非常勤（パート，アルバイト，派遣など）なのかもきわめて重要である。表(2)-8bはそれをみたものである。正規雇用率は父親で84.3%，母親でも70.7%となっており，わが国の最近の雇用情勢からすれば比較的安定しているとも評価できる数値であるが，後に述べるように母子家庭等に関してはかなり不安定な状況が感じられた。

表(2)-8b　夜間保育園の父母らの雇用形態

	正規雇用	契約（比率）	パート（比率）	その他（比率）	合計
父親	711（84.3%）	111（13.2%）	6（0.7%）	15（1.8%）	843（100%）
母親	673（70.7%）	78（12.2%）	158（16.6%）	43（4.5%）	952（100%）

（注意）それぞれ実記載人数分のみの集計である。

母子家庭の母親の職業がどうなっているかを知ることは，「母子家庭の貧困化」が大きな社会問題になっている今日極めて重要であろう。表(2)-8cは夜間保育園利用者（333人）のそれをあらわしたものである。

母子家庭の母親の職業で最も多いのは，129人（38.7%）の飲食サービス業従事者であり，次いで会社員59人（17.7%）となっている。最も安定していると思われる公務員は皆無であり，専門技能職も18人（5.4%）と少数である。

特別な専門能力や資格も持たない女性が何らかの事情で母子家庭になった時，その働ける職種が限られており，安定した良い仕事に就くことが難しい実態を表(2)-8cは示しているといえよう。その意味は次の表(2)-9aの保育階層と関連させて考えるとさらに良く分かる。

表(2)-8c　ひとり親家庭の親の職業と人数

職　業	人数（比率）
①飲食サービス業自営	6（ 1.8%）
②飲食サービス業従事者	129（38.7%）
③遊戯系サービス業自営	1（ 0.3%）
④遊戯系サービス業従事者	15（ 4.5%）
⑤教育職	7（ 2.1%）
⑥技能職	23（ 6.9%）
⑦販売業自営	2（ 0.6%）
⑧販売業従事者	30（ 9.0%）
⑨専門技能職	18（ 5.4%）
⑩公務員	0
⑪会社員	59（17.7%）
⑫福祉職	13（ 3.9%）
⑬在宅（内職）	1（ 0.3%）
⑭無職	23（ 6.9%）
⑮その他	3（ 0.9%）
⑯不明	3（ 0.9%）
合計	333（100%）

9）保育料の階層

保護者の保育料階層（所得階層）を見たものが次表(2)-9aである。今回記載があった者の合計は，491人（うち母子家庭130）人と回答者全体の3分の1程度と極めて少なく，表(2)-9aは参考の域を出ないが，一応まとめてみた。

96年当時の保育料区分は，第1階層から第10階層までに分かれており，今回との厳密な比較は難しい部分もあったが，ここでは便宜的に，今回の回答のA階層を当時の第1階層とし，同様にB階層を第2，C階層を第3および4とし，D階層は第5及び6をD下とし，第7および8をD中，第9および10をD上とした。今回調査ではDの上・中・下よりさらに細かく細分化した各市町村基準での保護者の保育料を記載していた保育園もあったが，各市町村の基準がもともと同一ではないので，筆者の判断でその数値区分を参考に大まかに上・中・下に分類をしなおしたもので集計した。

表からは96年当時に比較して，全体としてA階層（第1段階）が大きく減少し，B階層がかなり増加し一見すると利用者の所得の高額化が進んでいるように思われる。しかし，D階層以上はほとんど変わりなく，夜間保育園の利用者全体としての実態はあまり変化が無いとも言える。

しかしここでも，母子家庭に関しては全体に占めるA階層，B階層の合計比率が7割以上ときわめて大きいことに気づかされる。A階層では16人中14人が，B階層でも全体の約6割を占めている。逆にD階層は130人中，わずか30人（23%）程度で，夜間保育園の利用者のD階層の全体が54%であるのに比し，半分以下の割合である。夜間保育園の利用者家庭でも「格差」が拡大し，二極分解の傾向が感じられる結果であった。

表(2)-9a　保育料の階層別人数と推移

階層	全体人数・比率	うち　母子家庭	96年調査全体比率
A	16（ 3.3%）	14（10.8%）	15.0%
B	133（27.1%）	78（60.0%）	18.8%
C	78（15.9%）	8（ 6.2%）	11.8%
D合計	264（53.8%）	30（23.1%）	54.3%
うちD下	23	3	16.3%
D中	49	8	15.9%
D上	23	2	22.1%
区分なしD	169	17	・・・・・・
合計	491（100%）	130（100%）	100%

母子家庭に関して，最後にその職業及び保育料（所得税階層）負担をクロスさせて表にまとめておきたい。ここでは保育園の利用時間がどの程度かということも興味深いが，一般的にその身体的，精神的負担，疲労が特に大変と推察される降園時間が午後10時を超えている（10時ちょうどは含めない）母子家庭について，保育園が行うべき家庭支援のあり方問題と関連させる意味で，表(2)-9bとして示すこととした。

表(2)-9b　降園が午後10時を超える母子家庭の母親の職業と保育料階層

	所得階層別人数					
職種	A階層	B階層	C階層	D階層	不明	合計
①飲食サービス業自営	0	1	1	2	1	5
②飲食サービス業従事者	8	42	2	7	24	83
その他の職種	1	5	1	5	2	14
合計	9	48	4	14	27	102人

(注意)その他の職業の14人の内訳は，販売業従事者が3人以外は，遊戯系サービス業1人，塾などの教育職1人，美容などの技能職1人，販売業自営1人，看護師などの専門技能職1人，会社員2人，無職2人，その他1人，不明1人である。

表(2)-9bは，表(2)-9aの母子家庭133人のうちから，午後10時を過ぎてから降園している家庭について取り出したものである。表をみて何よりも

大変と感ずることは，母子家庭133人中102人（77％）がそうした利用の仕方をしているということであり，その102人については表(2)-9 a にあるように，全体の61人がA～Cの低所得階層であるということである（不明者の27人を考えれば実際にはもっと多い割合と思われる）。さらにまた，その職種をみると88人（86％）が飲食業関係であるという事実である。母子家庭の夜間保育園利用については，「低所得，長時間，そして飲食業関係」に集中していることが明らかである。

10）特記事項（自由記述）

アンケート（調査票）では上記の質問項目の他に，園児および家庭についての「特記事項」の記述を求めている。残念ながら各園の記述は必ずしも多くなかった。とりわけ園児については34園中17園と少なかった。

記述のあった17園の児童（647人分）についてみてみると，障害のある児童または疑いのある児童の記述は50人，7.7％であった。回答していない園が半数以上あることを考え合わせると，実際にはもっと多数の「特別な配慮」を要する児童が保育園にはいると思われる。障害の種類では発達障害（遅滞）が中心であるが，水腎症，股関節脱臼，染色体異常，情緒障害，自閉症，筋肉異常，（極小）未熟児，多動，アレルギーなど様々であった。

一方，家庭についての記述はその大半が入園している子どもの兄弟関係や祖父母などの同居の有無などの記述であったが，なかにはDVの被害者家庭であることや外国籍の両親または一人親家庭であることなどの記入がある園もあった。また，記述の中には，母親が精神的な問題（病気）を抱えている，ネグレクト（傾向）といった指摘が散見されたのも今年の特徴である。

3. ま と め

全国夜間保育園連盟の「第21回経験交流研修会」で採択された「大阪宣言」（08年12月）は，夜間保育園の今日的な役割をあらためて考えさせるものであった。

「宣言」のなかでは，夜間保育園の役割を十分に発揮するために今後必要なものとして，①親支援に専念できる主任級保育士の配置，②夜間保育園の機能拡大のための児童家庭支援センターの付置，③夜間保育園（児童家庭支援センター）に保育ソーシャルワークの役割を担う職員の配置を求めるなどがあげられていた。その方向性は近年の昼　間保育園にも求められるものと重なるものであり，児童福祉施設としての保育園には不可欠な要素であろう。

昨年度および今年度の利用者調査の結果はそうした必要性を一層はっきりさせたと思われる。以下，全体のまとめとして，本文中で述べたこととも重複するが，あらためてそうした宣言（提言）につながると思われる重要な部分を箇条書き的に列挙しておきたい。

①夜間保育園の大部分は，対象となる利用者が限定されていることから小規模施設が多く，そのため経営基盤は脆弱である。また入所児童は市町村域を超えている者が多い特性から，施設の存立のためには今後も市町村枠を超えた特別な公的支援・補助を必要としている。
②夜間保育園の利用児童の特徴は，０歳児から入園し，卒園するまでの長期間の利用者割合が高いことである。また，各年齢別の利用児数もあまり変化しないので，長期的な保育カリキュラムの策定が求められている。また，昼間児童に比較しその生活体験が限られているなどの課題があるのでそれを改善する工夫，環境設定が必要である。
③夜間保育園を利用している家庭に限定しては，夜間遅い時間帯での就労が一般化するに従い，母子家庭率は近年むしろ相対的に減少の傾向もある。しかし，依然としてその割合は（24.1%）ときわめて高く，また貧困家庭も多い。たんなる保育対策を超えた社会保障全般にかかわる総合的な子育て支援，家庭支援，生活支援の視点も必要である。
④夜間保育園の利用実態は，昼間保育所の代用型利用が最も多いが（49.3%），その場合でも全体として長時間利用者が多い。超長時間，深夜にまで及ぶ利用者の割合も高く（15.5%），とりわけ母子家庭ではそうした傾向が強い。各保育園には長時間の保育に対応した静かで落ち着いた家庭的環境が強く求められている。
⑤夜間保育園の利用者実態を見ると，現行の保育園の11時間開所を前提とした運営費制度では60%程度の利用者にしか対応できない実態がある。母子家庭等では所得が低い階層が多く（７割以上がＡ階層またはＢ階層），そのため当該家庭では延長保育料が負担になっていると考えられる。一方，運営費を13時間をベースにした場合には約90%の利用者に対応できる。制度の改善が要望される。
⑥夜間保育園での夕食は，90%の児童が利用している。夕食はたんに援用補給に留まらず，児童の情緒的安定に役立ち，大切にされるべき時間である。そのためにもスタッフ，施設設備，献立等が一層充実することが望まれる。
⑦夜間保育園のなかには，障害や貧困などの特別な配慮を要する児童を多く抱える所もあり，さらに保護者のなかには精神疾患やDV被害などに苦しむ者もいる。夜間保育園での個別的なソーシャルワーク機能の強化のために，その専門スタッフ等が配置されることがのぞまれている。

資料5　全国夜間保育園連盟30年のあゆみ

年号	元号	月日	全国夜間保育園連盟の動向	月　日	夜間保育所を巡る社会動向
1981年	昭和56			1月21日	厚生省ベビーホテル実態調査発表，＊432か所，1万3000人利用
				4月24日	厚生省ベビーホテル対策としての乳児院の「短期入所制度」実施を指示
				7月27日	児発第635号　厚生省児童家庭局通知「『夜間保育の実施について』…モデル事業として夜間保育開始
		10月1日	岡山県倉敷市に認可第1号「小ざくら夜間保育園」誕生	10月1日	厚生省　認可保育所での時間延長・夜間保育開始
1982年	昭和57	2月1日	京都市「だん王夜間保育園」「六満こどもの家」認可		
			北九州市「神岳第2保育園」認可		
		4月1日	名古屋市「栄夜間保育園」認可		
		5月1日	福岡市「第2どろんこ夜間保育園」認可		
		8月1日	大阪市「四恩みろく保育園」認可		
			名古屋市「名京保育園夜間部（現春岡夜間保育園）」認可	9月6日	労働省　無認可保育所利用者就労状況調査
		10月	厚生省認可夜間保育所8か園　だん王保育園で会合		
		12月1日	京都市「富士夜間保育園」認可		
1983年	昭和58	2月	『全国夜間保育所実態調査』を実施		
		4月1日	札幌市「札幌24軒南保育園」認可		
			京都市「こばと夜間保育園」「第2わかば園」認可		
		5月12日	**第1回全国夜間保育所研修会開催**　於だん王保育園		
		10月21日	**『全国夜間保育園連盟』結成総会。**信ヶ原良文会長，天久薫副会長，金戸述事務局長就任		

				6月29日	厚生省　夜間・延長保育の実施状況調査まとめる
				7月21日	厚生省ベビーホテル実態調査発表→62%不合格
		12月	『夜間保育所に入所している子供の家族及びその生活調査』実施		
1984年	昭和59	3月1日	名古屋市「春岡夜間保育園」認可		
		4月1日	長野市「若葉保育園」認可 京都市「みのり園」認可 東大阪市「花園第2保育園」認可 熊本市「熊本夜間保育園」認可		
		7月	『夜間保育所に入所している子供の家庭及びその生活調査』発刊		
		11月1日	大阪市「夜間保育所あすなろ」認可		
1985年	昭和60			2月23日	厚生省　保育所などの福祉制度全国見直しで検討委の設置
		3月	「入所児童の階層別人数」「延長保育を必要とする時間帯と当該保護者の職業，及びその理由の調査」		
		4月1日	福井市「青い鳥・エール保育園」認可 滋賀県「第2星の子保育園」認可		
		7月13日	**第1回全国夜間保育園経験交流研修会**　於京都　79名参加		
1986年	昭和61			3月15日	厚生省　ベビーホテル実態調査⇒3分の2が劣悪
		4月1日	釧路「釧路旭夜間保育園」認可 東京都「しいの実保育園」認可 名古屋市「衆善会夜間保育園」認可	4月	「男女雇用機会均等法」施行

			大阪市「ナルド夜間保育園」認可		
			寝屋川市「第２寝屋川なかよし保育園」認可		
				6月	児福発第24号　夜間保育の午後10時以後の延長制度開始
		7月	「児童福祉施設で働く保母の就労と，生活について調査 —夜間保育所・昼間保育所・養護施設・乳児院の比較—」		
		7月19日	第2回全校夜間保育園経験交流研修会　於大阪　100名参加		
				11月26日	東京都　児童福祉審議会答申，夜間・延長保育の推進
1987年	昭和62	4月1日	札幌市「札幌市大通夜間保育園」認可		
		4月1日	福井県「芦原保育所」認可		
		7月12日	第3回全国夜間保育園経験交流研修会　於大阪　96名参加	7月25日	厚生省　86年度児童環境調査公表
1988年	昭和63	3月	「全国夜間保育所実態調査報告」(第２回)発刊 —深夜保育と子供たち—	4月14日	東京都　ベビーホテル実態調査　⇒基準を満たすもの２割
				4月15日	児発第355号「保育所運営費特別調整費について」
				6月	児福発第24号「午前10時からの延長保育についての通知」
		7月1日	石川県金沢市「野町夜間保育園」認可		
				11月28日	厚生省　ベビーホテル実態調査発表→６割が基準に不適合
1989年	平成元年			1月22日	厚生省　次年度から乳児・延長保育の新方式を打ち出す

		4月1日	滋賀県大津市「保育の家しょうなん」認可 名古屋市「かわらまち夜間保育園」認可 香川県高松市「高松第二保育園」認可		
				5月29日	児発児第93号「特別保育事業費等の国庫補助について」
				6月7日	厚生省　ベビーホテル規制強化，＊ベビーホテル数440か所，1万1100人が利用
				7月10日	厚生省　来年度から一時預かり等の地域保育センター1,000か所設置の方針
		10月	「今後の保育対策を探る夜間保育所の調査研究報告」発行		
		12月3日	第4回全国夜間保育園経験交流研修会　於京都　135名参加		
1990年	平成2			1月14日	厚生省　家庭児童施策に関する有識者調査公表
				3月15日	厚生省　中児審が保育指針全面改定を意見具申
		4月1日	石川県加賀市「第2やくおうえん」認可 広島県福山市「千代保育園」認可 京都市「第二せいしん幼児園」認可		
		6月	信ヶ原良文会長「第14回正力松太郎賞」受賞		
				10月31日	東京都　夜間保育実施方針決める
1991年	平成3			1月23日	総務庁　保育所に関する行政監察発表→乳児保育・時間延長・夜間保育等充実指摘
		3月1日	山梨県「こでまり保育園」認可		
				5月8日	育児休業法可決
		10月1日	帯広市「すいせい保育所」認可	10月21日	全社協乳児福祉審議会は乳児院の将来構想で子育て

			奈良市「あけぼの会夜間保育園」認可		センター化の方針示す
1992年	平成4	2月2日	第5回全国夜間保育園連盟経験交流研修会　於大阪　128名参加		
				3月4日	厚生省　育児休業法の実施にともなう保育所入所基準緩和を決める
		4月1日	神奈川県平塚市「もんもん保育園」認可		
				7月17日	厚生省　ベビーホテル・ベビーシッターなどの児童関連サービス実態調査公表
1993年	平成5			2月1日	厚生省　主任児童委員の設置を決める
		2月27日	全国夜間保育園連盟結成10周年記念大会開催 第6回全国夜間保育園連盟経験交流研修会　於大阪　141名参加	2月10日	厚生省　保育問題検討会設置
				4月1日	平成5年4月1日児発第318号「子育て支援短期利用モデル事業の実施について」
				12月25日	東京都　深夜保育等子育て支援策を決める
1994年	平成6	4月1日	宮崎県「よいこのもり第2保育園」		
		7月24日	第7回全国夜間保育園連盟経験交流研修会　於大阪　109名参加		
				8月31日	**発児第142号「時間延長型保育サービス事業費等補助金の国庫補助について」**
				9月6日	厚生省　乳児保育を10年間で倍増計画発表
				12月16日	厚生・自治・大蔵省は来年度から緊急保育対策5ヶ年事業実施で合意
				12月21日	厚生省は駅型保育所4ヶ所の設置を決める
1995年	平成7	4月1日	神奈川相模原市「夜間保育所ドリーム」認可		労働省　ファミリーサポートセンター事業開始

				4月3日	児発第374号「子育て支援短期利用事業の実施について」
				4月25日	**児発第445号「特別保育事業の実施について」**
				同上	**児発第107号「時間延長型保育サービス事業費等の国庫補助について」…延長保育の午前延長，午後延長，定員31人以上も認められる**
				5月10日	厚生省　良い保育所の選び方チェックリスト発表
				6月27日	平成7年6月27日児発第635号「児童育成計画策定指針について」
				6月28日	**児発第642号「夜間保育所の設置認可等について」⇒夜間保育所がモデル事業から一般事業へ　31人以上の定員認められる**
				7月12日	**児発第133号「特別保育事業等の国庫補助について」**
				10月29日	厚生省は94年社会福祉施設調査概況公表→保育時間延長進む
		12月3日	第8回全国夜間保育園連盟経験交流研修会　於京都　158名参加		
1996年	平成8	6月	日本保育協会の「全国夜間保育園実態調査(第3回)」の研究調査		
		7月1日	長崎「島地シティ夜間保育園」認可		
1997年	平成9	2月11日	第9回全国夜間保育園連盟経験交流研修会　於福岡　127名参加		
		3月	全国夜間保育園実態調査(第3回)「多様化する夜間保育園」発行		
		4月1日	役員改選　会長・金戸述　副会長・天久薫		
			名誉会長・信ヶ原良文　監事・佐藤栄・堀井隆栄		

				6月3日	改正児童福祉法の成立
1998年	平成10	3月1日	第10回全国夜間保育園連盟経験交流研修会　於東京　122名参加		
				3月10日	文部・厚生両局長は幼稚園と保育所の施設共有化の指針を通知
		4月	日本保育協会「全国夜間保育園実態調査（第4回）」の研究調査		
		4月1日	神奈川県「夜間保育所あいいく」認可 宮崎県「よいこのもり第2保育園」認可		
				5月1日	児保第9号「保育所運営費特別調整費の取り扱いについて」
				5月10日	総務庁　乳児・夜間保育等で厚生省に是正勧告
				5月	発児94号通知…延長保育の午前・午後各6時間ずつの延長が認められる⇒2000年には各7時間延長制度ができ，24時間運営が可能となる
		6月	財団法人三菱財団「夜間保育所の子どもへの影響及び今後の課題に関する研究調査」事業開始 社会福祉医療事業団「保育所における緊急宿泊保育研究事業」の研究調査		
		9月	全国夜間保育園実態調査（第4回）「求められる夜間保育園をめざして」発行		
		10月1日	滋賀県「カナリヤ第2保育園」認可		
1999年	平成11	1月24日	全国夜間保育園連盟結成15周年記念大会開催 第11回全国夜間保育園経験交流研修会　於東京　99名参加		＊ベビーホテル数，838か所，利用児童数2万1000人
				3月8日	厚生省全国福祉主管課長会議→定員の弾力化，分園方式，待機児童解消計画など

		4月1日	茨城「夜間めぐみ保育園」認可		
			広島「くるみ保育園」認可		
				4月15日	厚生省は社会福祉事業法改正案大綱発表
				4月27日	**児発403-3号「平成11年度夜間保育所加算分保育単価について」**
				同上	平成11年4月27日 児保13号「児童福祉法による保育所運営費国庫負担金交付要綱等の改正点及びその運用について」
				5月7日	厚生省は子育てマップ公表—保育所待機児童4万人
		6月	社会福祉医療事業団「保育所における緊急宿泊保育事業」の研究調査		
				7月1日	保育所認可に民間法人参入などの規制緩和策決定
		10月1日	福岡「小倉北ふれあい保育所(夜間部)名称変更」認可(旧・神岳第2保育園)	10月23日	少子化対策臨時特別交付金，6割が保育所整備
				12月19日	新エンゼルプラン
2000年	平成12	1月	**「夜間保育所の子どもへの影響及び今後の課題に関する報告書」・「資料編」発行　⇒夜間保育の子どもの発達への悪影響の否定**		夜間保育所の施設設備費50㎡増(保育環境改善にむけて食堂・浴室・相談等に活用)，地域活動費150万円など予算認められる
		2月5日	第12回全国夜間保育園経験交流会　於宮崎　158名参加		
		3月	「保育所における緊急宿泊保育研究事業」発行	3月29日	児保第9号「特別保育事業の実施について」
		3月1日	石川県「双葉第二保育園」認可	3月30日	児発第295号「保育所の設置認可について」
		4月1日	沖縄県「玉の子夜間保育園」認可	同上	**児発第298号「夜間保育所の設置認可について」…夜間保育園の開所時間も午前11時からの11時間開所制となる**
				4月14日	厚生省「認可外保育施設に対する指導監督の強化について」

				6月2日	厚生省発児第102号「保育対策等促進事業費の国庫補助について」
		9月	財団法人三菱財団「子供の発達・健康から見た夜間保育サービスの保育環境条件の整備に向けて」		
		11月1日	岡山県「めぐみ第2保育園」認可	11月17日	児童虐待防止法施行
2001年	平成13			1月	厚生労働省発足
		1月28日	第13回全国夜間保育園経験交流研修会　於横浜　212名参加		
		3月	『長時間保育の児童処遇上の諸課題に関する研究―子育てサポートとしての長時間保育の意義』刊行		
		4月1日	東京都「エイビイシイ保育園」認可		
			大阪府「四恩みろく2夜間保育園」認可		
			沖縄県「室川夜間保育園」認可		
		6月	「夜間保育園の保育環境の整備に向けて」発行		
				9月6日	平成13年9月6日雇児保第35号「待機児童ゼロ作戦の推進について」
					政府「仕事と子育ての両立支援策の方針について」閣議決定
		10月13日	セミナー及びマニュアル作成検討会議開催　40名参加　於京都だん王保育園		
		11月10日	セミナー及びマニュアル作成検討会議開催　33名参加於第二どろんこ保育園		
		11月16日	セミナー及び討論会開催，31人参加，於全社協		
		11月17日	セミナー及びマニュアル作成検討会議開催　34名参加　於箱根		
2002年	平成14	2月17日	**夜間保育制度発足20周年記念大会**		

			政府「待機児童ゼロ作戦」開始		
			第14回全国夜間保育園経験交流研修会　於岡山　160名参加		
			「夜間保育制度発足20周年記念誌・神話崩壊」発行		
			『**倉敷宣言**』発表		
		4月1日	大阪府「きりん夜間愛育園」認可	4月	厚生労働省「児童福祉施設における福祉サービスの第3者評価事業の指針について」通達
			大阪府「おおぞら夜間保育園」認可		
			熊本県「ひかり夜間保育園」認可		
		5月1日	長崎県「佐世保ステーション保育園」		
		7月1日	神奈川県「苗・もんもん保育園」認可		
				9月	厚生労働省「少子化対策プラスワン―少子化対策の一層の充実に関する提案」発表
		11月3日	第15回全国夜間保育園連盟経験交流研修会　於東京　210名参加		
2003年	平成15	3月	「夜間保育サービス指針開発事業」刊行	3月	少子化対策推進関係閣僚会議「次世代育成に関する当面の取り組み方針」決定
		4月1日	神奈川県「ペガサス夜間保育園」認可		
				5月	雇児発05230003-3　夜間保育所加算分保育単価の増額
				7月	次世代育成支援対策推進法の制定
				9月	少子化対策会議　開催（第1回）「少子化社会対策大綱（案）の作成方針」発表
		11月15日	第16回全国夜間保育園連盟経験交流研修会　於滋賀		
2004年	平16年	3月	『良質な夜間保育サービスの拡充に向けて　マニュアル編』刊行		
		4月1日	鳥取県キッズタウン24第2保育園」認可		

			栃木県「住吉第２保育園」認可		
				６月	少子化対策会議　開催(第２回)「少子化社会対策大綱(案)」検討
		７月	「保育士パワーアップ研修会総集編資料」刊行		
		11月14日	第17回全国夜間保育園連盟経験交流研修会　於石川 118名参加		
				12月	少子化対策会議「子ども・子育て応援ぷらん」(新新エンゼルプラン)まとめる。夜間保育園の平成21年度までの設置目標数140園，人口30万人以上の市の半数設置が目標
2005年	平成17	４月１日	大阪府「ひらのドリーム園」認可		
				５月11日	**雇児発05110011『特別保育事業の実施について」の一部改正について⇒夜間保育推進事業費(特別加算)150万円の支給**
		10月１日	埼玉県「三保第２夜間保育園」認可 第18回全国夜間保育園連盟経験交流研修会　於京都 239名参加		
					「少子化社会対策について一層の推進方針について」緊急提言発表 ＊この年，合計特殊出生率1.26，出生児数106万人
2006年	平成18	４月１日	大阪府「豊新聖愛園」認可		
		６月１日	神奈川県「けいわ星の子保育園」認可	６月15日	「就学前の子どもに関する教育，保育等の総合的な提供の推進に関する法律」(認定こども園法)制定
				10月１日	幼保一体型の「総合施設」開始
		11月１日	大阪府「明善第弐保育園」認可		

			第19回全国夜間保育園連盟経験交流研修会　於東京　146名参加		
2007年	平成19	4月1日	東京都「キッズタウン　うきま夜間保育所」認可		
2008年	平成20	1月19日	第20回全国夜間保育園連盟経験交流研修会　於福岡　148名参加		
				4月1日	**厚生労働省「保育対策等促進事業費交付要綱」開始，夜間保育推進事業費　246万円に**
				6月9日	厚労省雇児発第0609001号「保育対策等促進事業の実施について」
		11月30日	第21回全国夜間保育園連盟経験交流研修会　於大阪　197名参加		厚労省　「新待機児童ゼロ作戦」開始 厚労省　「保育所保育指針（第3次改定）」策定
		12月1日	**『大阪宣言』**発表		
2009年	平成21				厚労省　「保育サービス　実施民間団体育成支援事業」公示
				4月	＊待機児童数25384人　⇒10月，4万6058人
2010年	平成22	1月9日	第22回全国夜間保育園連盟経験交流研修会　於沖縄　145名参加	1月29日	内閣府「子ども子育てビジョン」発表。夜間保育園の26年度までの設置目標数280か所，トワイライトステイ410か所
		1月10日	「全国夜間保育園利用者調査」刊行		
				4月	＊厚労省　待機児童，2万6275人と発表⇒10月，4万8356人
		8月1日	新潟市「エンジェル保育園」認可。		
		8月28日	第23回全国夜間保育園連盟経験交流研修会　於北海道　帯広市　146名参加		

		10月	「平成22年度　全国夜間保育園利用者調査―現状と課題―改訂版」，発行		
				11月	厚労省　待機児童解消先取りプログラム開始
2011年	平成23				＊この年，児童虐待相談件数5万件を突破 ベビーホテル　1695か所，3万712人　が利用
2012年	平成24			8月	子ども・子育て支援法など子ども関連3法の成立，新こども・子育て支援制度へ(平成27年度～)
		9月8日	第24回全国夜間保育園連盟経験交流研修会　於福山市　146名参加		
		9月	福岡県久留米市「きらら保育園」認可		
2013年	平成25	3月	群馬県「ゆたか第二保育園」認可		
		6月6日	全国私立保育園連盟研究大会で全国夜間保育園連盟として第10分科会担当		

（作成）「30周年記念誌」　編集委員会

資料6 全国夜間保育園連盟加入認可園名簿（認可年月順）

	地区	保育園名	経営主体	代表者	定員		認可年月
1	岡山	小ざくら夜間保育園	(福)クムレ	財前　民男	30	併設	昭和56年10月
2	京都	だん王夜間保育園	(福)だん王子供の家	信ヶ原　雅文	30	併設	昭和57年２月
3	京都	六満こどもの家	(福)六満学園	内海　奐乗	30	併設	昭和57年２月
4	福岡	神岳第二保育園【現小倉ふれあい夜間部】	(福)正善寺福祉会	酒井　光義	45	併設	昭和57年２月
5	愛知	栄夜間保育園	財団法人　坂文種報徳会	坂　直樹	30	併設	昭和57年４月
6	福岡	第２どろんこ夜間保育園	(福)四季の会	天久　薫	45	併設	昭和57年５月
7	大阪	四恩みろく保育園	(福)四恩学園	金戸　述	30	併設	昭和57年８月
8	京都	富士夜間保育園	(福)富士園	石田　武彦	30	併設	昭和57年12月
9	京都	こばと夜間保育園	(福)曙会	橋本　実	30	併設	昭和58年４月
10	京都	第二わかば園	(福)わかば園	吉岡　竜良	30	併設	昭和58年４月
11	愛知	春岡夜間保育園	(福)志の波会	岩井　直	30	併設	昭和59年３月
12	大阪	花園第二保育園	(福)信光園	森田　信司	30	併設	昭和59年４月
13	長野	若葉保育園	(福)長野市私立保育協会	海野　英順	45	併設	昭和59年４月
14	熊本	熊本夜間保育園	(福)はちす福祉会	坂門　秀隆	45	単立	昭和59年４月
15	京都	みのり園	(福)無量寿会	椋田　美貴	30	単立	昭和59年４月
16	大阪	夜間保育所あすなろ	(福)路交館	枝本信一郎	45	併設	昭和59年11月
17	滋賀	第二星の子保育園	(福)大津せんだん会	中西　賢英	30	単立	昭和60年４月
18	福井	【青い鳥】エール保育園	(福)青い鳥福祉会	前田　愛子	30	併設	昭和60年４月
19	北海道	釧路旭夜間保育園	(福)釧路まりも学園	松原　久幸	30	単立	昭和61年４月
20	大阪	ナルド夜間保育園	(福)阿望仔	山岡　盛夫	30	併設	昭和61年４月
21	大阪	第２寝屋川なかよし保育園	(福)なかよし福祉会	水崎　勝	45	併設	昭和61年３月
22	愛知	衆善会夜間保育園	(福)衆善会	岡田　邦彦	30	併設	昭和61年４月
23	東京	しいの実保育園	(福)育和会	伊藤　和子	30	単立	昭和61年４月
24	北海道	札幌市大通夜間保育園	(福)ろうふく会	古川　隆之	60	単立	昭和62年１月
25	福井	芦原保育所	(福)聖徳園	三上　了道	30	単立	昭和62年４月
26	石川	野町夜間保育園	(福)野町保育園	道林　信郎	40	併設	昭和63年７月
27	愛知	かわらまち夜間保育園	(福)池内福祉会	丹下由紀子	45	単立	平成元年４月
28	香川	高松第二保育園	(宗)勝法寺	堀　仁	30	併設	平成元年４月
29	広島	千代保育園	(福)あかつき会	廣本　淑子	57	単立	平成２年３月
30	石川	第２やくおうえん	(福)薬王園保育所	堀井　隆俊	30	併設	平成２年３月
31	京都	第二せいしん幼児園	(福)正親福祉会	城戸　信一	30	併設	平成２年４月
32	山梨	こでまり保育園	(福)秀愛福祉会	佐藤　政美	60	単立	平成３年４月

33	奈良	あけぼの会夜間保育所	(福)あけぼの会	四方　豪	40	併設	平成3年10月
34	北海道	すいせい保育所	(福)慧誠会	高木　章好	30	併設	平成3年10月
35	神奈川	もんもん保育園	(福)徳栄会	金子　玲子	45	単立	平成4年4月
36	宮崎	よいこのもり第2保育園	(福)顕真会	小笠原　文孝	50	併設	平成6年4月
37	神奈川	夜間保育所ドリーム	(福)さがみ愛育会	小林　祐子	30	複合	平成7年4月
38	長崎	島地シティ夜間保育園	(福)蓮華園	桑原　良誓	45	単立	平成8年7月
39	滋賀	カナリヤ第二保育園	社会福祉法人　友愛	堀井　隆彦	30	単立	平成10年10月
40	茨城	夜間めぐみ保育園	(福)恵和会	岡田　澄子	30	単立	平成11年4月
41	沖縄	玉の子夜間保育園	(福)うるま福祉会	高良　桂子	30	併設	平成12年4月
42	岡山	めぐみ第二保育園	(福)旭東愛児会	小村　治子	30	併設	平成12年11月
43	石川	双葉第二保育園	(福)聖ヨハネ会	側垣　二也	30	併設	平成12年3月
44	大阪	四恩みろく2夜間保育園	(福)四恩学園	金戸　述	30	併設	平成13年4月
45	沖縄	室川夜間保育園	(福)玉城福祉会	玉城　善徳	45	単立	平成13年4月
46	東京	エイビイシイ保育園	(福)杉の子会	片野　仁志	90	単立	平成13年4月
47	大阪	おおぞら夜間保育園	(福)あおば福祉会	西岡　正義	20	併設	平成14年4月
48	大阪	きりん夜間愛育園	(福)成光苑	高岡　國士	30	併設	平成14年4月
49	熊本	ひかり夜間保育園	(福)八代ひかり福祉会	澤　慶子	20	併設	平成14年4月
50	長崎	佐世保ステーション保育園	(福)蓮華園	桑原　良誓	50	単立	平成14年5月
51	神奈川	苗・もんもん保育園	(福)徳栄会	金子　玲子	50	併設	平成14年7月
52	神奈川	ペガサス夜間保育園	(福)山百合会	小田　法子	20	合築	平成15年4月
53	鳥取	キッズタウン24第2保育園	(福)こうほうえん	廣江 研	45	単立	平成16年4月
54	栃木	住吉第二保育園	(福)住吉福祉会	磐井　君枝	45	単立	平成16年4月
55	大阪	ひらのドリーム園	(福)大念仏寺社会事業団	杉田　善久	30	併設	平成17年4月
56	埼玉	三俣第二夜間保育園	(福)加須福祉会	村山　祐一	30	併設	平成17年10月
57	大阪	豊新聖愛園	(福)路交館	枝本信一郎	60	単立	平成18年4月
58	神奈川	けいわ星の子保育園	(福)敬和会	小島　末子	30	単立	平成18年6月
59	大阪	明善第弐保育園	(福)ボランテ枚方	亀井　信昭	45	併設	平成18年11月
60	東京	キッズタウンうきま夜間保育所	(福)こうほう　えん	廣江　研	30	単立	平成22年8月
61	新潟	エンジェル保育園	(福)笑顔の会	中田　早苗	90	単立	平成21年8月
62	福岡	きらら保育園	(福)さつき福祉会	下川　良雄	60	単立	平成24年9月
63	群馬	ゆたか第二保育園	(福)植竹会	島田　洋子	45	単立	平成25年3月